Le théâtre : texte ou spectacle vivant ?

Du même auteur

Michel Butor vers une littérature du signe, Bruxelles, Complexe, 1975 (*Michel Butor, spre o literature a semnului*, Cluj-Napoca, Dacia, 1978).

Sémiologie de la représentation. Théâtre, télévision, bande dessinée, Bruxelles, Complexe, 1975 (*Semiologia de la representacion. Teatro, television, comic*. Barcelone, Gustavo Gili, 1978. *Semiologia della rappresentazione. Teatro, televisione, fumetto*. Naples, Liguori, 1979. *Semiologia da representaçao. Teatro, televisao, historia em quadrinhos*, São Paulo, Cultrix, 1981).

L'Enjeu du discours. Lecture de Sartre, Bruxelles, Complexe, 1978.

Le Champ sémiologique. Perspectives internationales (dir.), Bruxelles, Complexe, 1979.

(dir.), *Sémiologie du spectacle* Actes du colloque AISS-IASPA, *Degrés* 29-32, Bruxelles, 1982.

Les Mots et les gestes. Essai sur le théâtre, Lille, Presses Universitaires de Lille, 1983.

Sémiologie des messages sociaux, Paris, Edilig, 1984.

P. Delsemme, A. Helbo (éd.), *Le Spectacle au pluriel*, Tübingen, Gunter Narr, 1984.

Approches de l'opéra (éd.), Paris, Didier Érudition, 1986.

J.D. Evans, A. Helbo (éd.), *Semiotics and International* Scholarship *: Towards a Language of Theory*, Dordrecht-Boston-Lancaster, Martinus Nijhoff, 1986.

Theory of Performing Arts, Amsterdam, Philadelphia, Benjamins, 1987. (*Teoria del espectaculo*, Buenos Aires, Galerna et Lemcke Verlag, 1989).

A. Helbo, J.D. Johansen, P. Pavis, A. Ubersfeld, *Théâtre. Modes d'approche*, Bruxelles, Labor, 1987 (A. Helbo, J.D. Johansen, P. Pavis-A. Ubersfeld, *Approaching Theater*, Indiana University Press, 1990).

L'Adaptation. Du théâtre au cinéma, Paris, Armand Colin, 1997 (*Traduction coréenne,* Séoul, Dongmoonsun, 2002).

Signes du spectacle. Des arts vivants aux médias, Bruxellles, Berne, New York, Peter Lang, PIE, coll. « Dramaturgies », 2006.

André Helbo

Le théâtre : texte ou spectacle vivant ?

50 QUESTIONS

PARIS
KLINCKSIECK

50 QUESTIONS
Collection dirigée par Belinda Cannone

dans la même collection

Monique Carcaud-Macaire et Jeanne-Marie Clerc, *L'Adaptation cinématographique et littéraire* (15)
Daniel Deshays, *Pour une écriture du son* (30)
Valérie Deshoulières, *Métamorphoses de l'idiot* (21)
Christian Doumet, *Faut-il comprendre la poésie ?* (19)
Gérard Gengembre, *Le Roman historique* (27)
Jean-Pascal Le Goff, *Robinson Crusoé ou l'Invention d'autrui* (13)
Henriette Levillain, *Qu'est-ce que le baroque ?* (10)
Isabelle Meuret, *L'anorexie créatrice* (28)
Daniel-Henri Pageaux, *Naissances du roman* (4)
Danielle Perrot-Corpet, *Don Quichotte, figure du XXe siècle* (24)
Jonathan Pollock, *Qu'est-ce que l'humour ?* (7)
Frédéric Pomier, *Comment lire la bande dessinée ?* (25)

liste complète en fin de volume

www.klincksieck.com

isbn : 978-2-252-03600-6

50 QUESTIONS

IV. — Le champ culturel

INTRODUCTION

Certains économistes font du spectacle vivant l'enjeu prégnant des sociétés en mutation. Dans un monde où le temps vaut de l'argent, ils annoncent une culture privilégiant l'éphémère, le moment rare. Celle-ci entraînerait la faillite des arts de la « réplication morte », tel le cinéma, selon le mot d'Attali (Attali, 2006). Le concert, l'opéra, le cirque, la danse, voire le sport, entre autres, dégageraient des valeurs nouvelles, réinventant à la fois le rapport à la durée, l'implication personnelle dans le risque créatif et le prix de la passion éprouvée collectivement. Trace fragile de l'émotion immédiate et partagée, le patrimoine théâtral occidental incarne de façon emblématique une double appartenance : à la présence vécue et à la littérature. En témoignent des accréditations statutaires parfois paradoxales. Ainsi, la légitimation pédagogique véhiculée par les programmes scolaires a longtemps porté sur les grands textes européens. Leur actualisation tient parfois de la sacralisation, de la reproduction respectueuse. La situation apparaît plutôt différente à l'université, disposée à contester le caractère ancillaire, phénoménologique du plateau et donc à prendre en compte dans sa spécificité l'objet « mise en scène ». La *représentation* acquiert des lettres de noblesse justifiant la comparaison avec d'autres pratiques esthétiques. Assimilé à la littérature ou appréhendé dans sa dimension matérielle, le spectacle théâtral est abordé comme manifestation, directe voire indirecte, d'un imaginaire préexistant et s'inscrit dans un processus de reconnaissance *classique*.

Un autre champ symbolique se trouve cependant convoqué aujourd'hui à plus d'un titre, celui du divertissement, de l'événement, capté par la télévision ou saisi comme produit de *consom-*

mation. La presse évoque lourdement les records d'entrée de certaines pièces à Paris ou à New York, succès auxquels n'est d'ailleurs pas étrangère la socialité des auteur, metteur en scène ou comédien. Certaines vedettes de l'industrie culturelle n'hésitent pas à « revisiter » les chefs-d'œuvre du répertoire français. Au point que la critique reçoit désormais les performances théâtrales sur le mode du *star system.* Ainsi, la récente mise à l'affiche de *Cyrano* à Paris (été 2006) s'est vue saluée par la presse comme une revanche singulière de Jacques Weber, en réponse à la prestation de Depardieu dans le film de Rappeneau et Carrière. Contresens saisissant alors que le projet de mise en scène d'André Serré annonce une lecture intériorisée et collective du texte par trois personnages accompagnés au piano, face à un écran rappelant le cinéma muet : cette adaptation se distingue précisément par le refus de l'aura médiatique, du numéro d'acteur, du panache que Depardieu, Vuillermoz, Piat, Belmondo voire Sorano avaient imprimés au héros.

La perméabilité du phénomène spectaculaire fait également débat. Les relations entre arts voisins se croisent : tissage de l'opéra, du cirque, de la danse, adaptations de pièces à l'écran et, de plus en plus souvent ces dernières saisons, *remakes* inversés de films cultes (*L'emmerdeur*) portés au plateau. Les techniques rodées sur les planches inspirent des formes audiovisuelles (ceci a été démontré à propos du sitcom, ainsi que l'atteste par exemple la construction des personnages et du décor), voire certaines réalisations de téléréalité. De nouvelles expériences spectaculaires se développent, performances, théâtre-danse et autres vidéo-arts dont le *syncrétisme* conforte l'impression d'une extension de la « théâtralité » en dehors de ses aires historiques, géographiques et conceptuelles consacrées. Un cycle comme celui de la *Tragedia Endogonidia* produit par la Societas Rafaello Sanzio prétend repenser la tragédie à l'échelle de l'Europe contemporaine en associant des images, des films, des corps en scène, un espace, des stéréotypes visuels proches de la publicité ou du cinéma de série et une chorégraphie. De même, dans l'édition 2006 du Festival d'Avignon, c'est le mime et chorégraphe Joseph Nadj qui fut l'invité de la Cour d'honneur.

La métaphore théâtrale règne en maître, associant la société, la diplomatie ou la politique au spectacle. Pour reprendre la formule de Solomon Marcus, « la tendance à regarder les phénomènes les plus hétérogènes par les lunettes théâtrales montre l'universalité du théâtre, sa capacité d'offrir une vision totale du monde, dans toute sa complexité. On pourrait dire que le théâtre est un signe qui rend compte, d'une façon métonymique, d'une réalité bien plus vaste et complexe, dont il est une très petite partie » (Marcus dans Helbo, 1986 : 20).

Par ailleurs, de nombreuses disciplines, parmi lesquelles la sémiotique, placent la réalisation en actes au centre de leurs préoccupations. Elles assument la polysémie, le caractère polymorphe de la pratique spectaculaire et insistent sur les mutations dans d'autres sociétés, temps et lieux que les nôtres : à quel genre spectaculaire rattacher par exemple le Kathakali, le No, la tradition d'Arlequin ou les patrimoines d'Afrique et de Polynésie ? Peut-on comparer au sein de la même tradition le moment où l'écriture théâtrale s'adresse au comédien et celui où elle vise le spectateur ?

(Ré)aperçue comme lieu de l'émergence et de la multiplicité, l'activité théâtrale nous a semblé appeler d'urgence une mise au point méthodologique. Il s'agit dans les lignes qui suivent de regrouper d'abord quelques entrées permettant de comprendre le phénomène dans ce qui fait sa spécificité et sa richesse, à savoir la représentation. L'objectif ne consiste pas en l'espèce à prendre parti contre le texte ou pour la performance ou le jeu, mais à situer les composants de l'événement théâtral pour, espérons-le, en affiner la compréhension globale. Au demeurant, le fait de transiter ou non par la textualité importe peu. Le spectacle échafaude le modèle réel d'une construction fantasmatique : la scène s'apparente plutôt à un corrélat de l'imaginaire. Poser *a priori* la question du texte reviendrait à créer un faux problème.

L'ambition de repenser le théâtre dans sa dimension événementielle implique l'affrontement d'une question préjudicielle : celle de la marque spectaculaire. Peut-on situer dans la même aire conceptuelle toutes formes de théâtre voire de spectacle : les créations du festival d'Avignon, les spectacles du cirque Plume ou les chevaux de Zingaro, l'opéra interactif *Votre Faust* de Butor-Pousseur, les happenings, installations muséales ou séances d'anthropométrie en bleu de Klein, les soirées DJ ou spectacles hip-hop, voire le *slapping* ?

Le mode d'approche suppose en outre que l'on explore moins les codes théâtraux que le processus les assemblant dans la construction du sens : l'énonciation. Dès 1943, Éric Buyssens, dans un ouvrage précurseur, *Les langages et le discours*, recommandait d'analyser l'opéra (ou la pièce) comme texture sémiologique intégrée dans la culture globale : tressage reliant les systèmes verbal, gestuel, musical, visuel situés dans le monde mais aussi les relations sociales, microcosme de la salle, ouvreuses, pompiers, dispositif de sécurité participant à la mise en place de la « sémie ». Cette thèse, les conclusions restrictives auxquelles elle conduit mises à part, contenait en germe les suggestions d'une approche *expérimentale* du spectacle : substituant à l'échange texte/scène la construction de la signification par l'ensemble des instances actives *hic et nunc* dans la représentation.

Notre propos revient donc à une très ancienne préoccupation de la sémiotique, laissée en jachère par les théories du théâtre. L'effort de modélisation entrepris dans ce livre, en toute humilité – la tâche est démesurée –, vise (là réside peut-être son originalité, nous nous expliquons plus loin sur ce point) à répercuter les progrès récents concernant la recherche en spectacle vivant. Le volume aborde son objet par référence maillée à des pratiques de manifestation communes au théâtre, à la danse, au cirque, à l'opéra, aux arts de la rue.

Une telle démarche suppose que ne se trouve pas considérée comme prioritaire une analyse des systèmes de signes (analyse du texte en scène ou découpage des productions) ; encore que ces procédures méritent qu'on les réévalue aujourd'hui. Il importe plutôt de saisir les processus par lesquels le spectacle s'invente collectivement comme événement énonciatif au confluent du paradigme spectaculaire. Doivent donc être examinés les mécanismes par lesquels l'activité théâtrale exclut le monde naturel pour le réintroduire dans son discours, ainsi que les stratégies permettant de construire l'identité des instances. Au passage, ce questionnement permet d'évaluer la pertinence de la terminologie véhiculée par les traditions théâtrales (conventions, jeu du comédien, mise en scène, spectateur, dialogue). En un deuxième temps, on proposera une relecture des théories dramaturgiques. Ce survol espère dépasser les cloisonnements et dégager de la perspective historique une cohérence argumentative, susceptible de faire apparaître chez les praticiens une prise de conscience progressive des préoccupations formalisées par la théâtrologie. La dramaturgie a mesuré très tôt la complexité de l'énonciation spectaculaire et a intégré la problématique des codes du contrat. Cette attention, souvent occultée au fil des combats critiques qui ont fait l'histoire, nous a semblé mériter une (re)mise en perspective.

Dernière observation en forme de souhait : le livre qu'on va lire propose une hypothèse qui espère contribuer à la compréhension du spectacle dans une société en mutation. Il est question de parcours, de savoir, de régimes d'adhésion esthétique mais aussi d'émotion, de richesse, *de noyau infracassable* résistant à l'interprétation. Puisse donc une explication scientifique respectueuse de ses limites contribuer à nourrir l'instabilité, l'étonnement et le plaisir suscités par la scène.

I

LES DISCOURS SUR LE THÉÂTRE

La racine grecque dont est dérivé le mot *acteur* renvoie à un vocable dont la forme savante a donné en français le terme *hypocrite*. Tout au long de son histoire, le personnage (*persona*) de théâtre, créature au visage de Janus, et plus encore le comédien qui fait vivre cette identité ont été victimes expiatoires de la duplicité dont l'étymologie offre le miroir. Toléré, flatté, censuré, l'acteur condense les vicissitudes d'un amour-haine entre le théâtre et le pouvoir.

La Grèce antique, la Renaissance italienne, la Restauration instituent la pratique spectaculaire et tentent d'en canaliser l'exercice dans un jeu de ruses et de contreparties civiques. Les interdictions et les censures de l'Église médiévale, de Charles Ier d'Angleterre, du Grand Siècle, des dictatures du XXe siècle se succèdent ensuite.

Le spectacle a partie liée avec la société : il s'en nourrit et réinvente celle-ci, il la décrit et s'en moque. Bouffon du roi ou polémiste, le créateur de théâtre exerce un véritable contre-pouvoir, conscient ou non. C'est pourquoi, afin de survivre intellectuellement, certains artistes ont dû « composer » avec la terreur et ses agents, tel Heiner Müller ou Brecht de retour, après la guerre, dans l'Allemagne de l'Est. D'autres, comme Meyerhold, succombèrent au combat.

Peter Handke, déprogrammé de la Comédie-Française en raison de son attitude favorable à Milosevic, ravive le débat. Dans le conflit, deux postures distinctes s'affrontent chez Handke et Bozonnet. L'auteur de *Voyage au pays sonore ou l'Art de la question* défend la séparation complète de l'œuvre et de la société ;

le prédécesseur de Muriel Mayette, en revanche, se réclame de la figure de l'artiste engagé. À l'étanchéité des deux domaines, défendue par Handke, l'administrateur de la Comédie-Française oppose la perméabilité entre les gestes et les textes spectaculaires. « Généralement, poursuit Bozonnet, les auteurs contemporains, ils nous éclairent sur le monde ! Toute parole, que ce soit celle de l'horreur ou celle de leur déclaration publique, nous éclaire et nous apporte quelque chose. Et dans un théâtre, on ne fait pas venir n'importe qui, on fait venir des gens que l'on estime, à qui on peut serrer la main ! Faire venir quelqu'un dans un théâtre, le montrer, c'est un acte de reconnaissance, c'est un acte d'amour ! » (Bozonnet, 2006). Tout acte théâtral se muerait-il en discours, s'appuierait-il *par essence* à la fois sur l'histoire et sur la légitimité de l'œuvre ?

Nous voici plongés dans la question des enjeux.

1 *Peut-on parler du théâtre ?*

Avant de s'interroger sur le type de propos que l'on peut tenir au sujet du théâtre, il est une question préliminaire que l'histoire de la dramaturgie n'a cessé de poser et qu'il convient de répercuter : celle du droit à la parole. Le discours sur le théâtre et le discours du théâtre relèvent d'une étroite intrication : la nature du maillage mérite d'être éclairée.

Dans sa quête de légitimité, l'activité théâtrale s'est souvent vue contrainte, pour subsister, de rendre des comptes au pouvoir, politique, religieux, critique, scientifique. Corneille s'obstine à justifier dans son *Avertissement* la conformité du *Cid* à la doctrine aristotélicienne (Corneille, 1961), même s'il concède quelques écarts à la règle des trois unités. Racine, pour sa part, annote son édition de *La Poétique* de façon à vanter les bienfaits de la tragédie, modératrice de l'émotion : « Excitant la terreur et la pitié, [elle] purge et tempère ces sortes de passion. C'est-à-dire qu'en émouvant ces passions elle leur ôte ce qu'elles ont d'excessif et de vicieux et les ramène à un état de modération conforme à la raison » (Racine, 1885 : 477).

La théorie d'Aristote fait figure en l'occurrence d'archétype prémonitoire. La notion médicale de *catharsis,* évoquée par les deux auteurs que nous venons de citer, apparaît sous la forme suivante dans la *Poétique* au sein d'un passage qui définit la tragédie : « La tragédie est l'imitation d'une action de caractère élevé et complète, d'une certaine étendue, dans un langage relevé d'assaisonnements d'une espèce particulière suivant les diverses parties, imitation qui est faite par des personnages en action et non au moyen d'un récit, et qui suscitant pitié et crainte, opère la purgation propre à de pareilles émotions » (Aristote, 1969, 36-37). On retrouve la métaphore dans le *Politique* (*ibid.* : 66-67).

> Il y a en effet des personnes qui, sous cette émotion, sont envoûtées; sous l'effet des airs sacrés, nous les voyons, après avoir recouru à la musique qui jette l'âme en transe pour les exorciser, apaisées comme si elles avaient pris un remède ou une purgation. C'est nécessairement pareille expérience qu'éprouvent ceux qui sont sujets à la crainte et à la pitié, de sorte que, pour tous, il y a une purgation et un allègement avec sensation de plaisir. Pareillement les mélodies cathartiques procurent un plaisir parfait.

D'emblée, un glissement est opéré du modèle médical de la catharsis à la moralité ou à la qualité politique de l'art. Ainsi s'ouvre une longue cohorte d'interprétations et de contresens de la référence aristotélicienne qui permettront aux auteurs dramatiques français, les plus habiles, du XVe siècle au début du XIXe siècle, de trouver des arguments légitimant leur pratique dans le champ culturel défini par la « loi » critique. Ambiguïté de la démarche de l'auteur justifiant son art, voire acceptant implicitement du même mouvement à la fois la nature immorale de la création théâtrale et la nécessité de se donner, de se trouver, bonne conscience.

De la même façon se trouve inaugurée une longue suite de malentendus : la caution médicale participe à la ruse de l'artiste par rapport à la censure politique ou religieuse, mais elle peut à l'inverse entériner l'instrumentalisation de l'art contre toute forme de subversion.

Par ailleurs, la docilité à l'égard de la norme aristotélicienne conforte la séparation entre le créateur et son spectateur/critique, inscrite dans une véritable relation de pouvoir. Il faut attendre

Artaud pour faire voler ce clivage en éclats et réclamer pour tous, acteurs et spectateurs, une expérience directe, *cruelle*, de la *catharsis* entendue non comme purgation mais comme défoulement et comme violence.

Le souci fétichiste de la règle, condition de survie de l'art théâtral malgré les assauts du pouvoir, fait émerger des priorités diverses qui traversent le discours critique et qui contaminent, par conséquence indirecte, l'idéologie des créateurs. Celles-ci tournent d'abord autour du statut de l'auteur et du texte, avant de s'étendre aux artisans de la scène, puis d'impliquer la salle.

Le projet dramaturgique se manifeste en premier lieu comme *écriture textuelle* : la *Pratique du théâtre* de Hedelin d'Aubignac (Paris, 1657), préparée à l'instigation du cardinal de Richelieu et de l'Académie, et qui va influencer durant des décennies l'esthétique théâtrale, concerne principalement l'auteur dramatique.

Le champ de légitimation s'ouvre aux conditions de *la représentation* au XVIIIe siècle chez Rémond de Sainte-Albine, lequel prend en compte le travail scénique et le rôle des acteurs. Le propos demeure cependant fortement rhétorique et conforme au dessein aristotélicien : la déclamation, le jeu, le geste doivent constituer un métier qui éloigne l'art des passions.

Riccoboni (*Dell'Arte rappresentativa, 1728*) et Diderot (*Le paradoxe sur le comédien*, rédigé à partir de 1769) présenteront les premiers traités européens partant du point de vue du comédien, mais le catalyseur du texte conserve chez eux toute sa prégnance.

Dès lors, n'est pas non plus spectateur qui veut : le regard suppose un apprentissage éclairé, auquel le comédien contribue. La reconnaissance de ce dernier s'opère à ce prix. Le jeu se veut signal au spectateur. La qualité première de l'acteur consiste à développer la conformité au sens de ce qu'il interprète, de manière à souligner la lisibilité du projet. Le statut du projet dramaturgique est ancillaire : il dépend du texte, lieu de pouvoir plénipotentiaire du sens.

La modernité signe l'avènement d'un nouveau discours, celui du *metteur en scène*, mais qui, en un premier temps demeure déterminé par les mêmes subordinations : Antoine, « inventeur » de la mise en scène moderne, définit la mission du Théâtre Libre en 1887 comme soumise au projet de l'auteur du texte. « Ils (les interprètes) vivent leurs rôles et ils sont les interprètes merveilleux de la littérature contemporaine. Ils savent ceux-là [...]. Ils savent encore que chaque scène d'une pièce a son mouvement propre, subordonné au mouvement général de l'œuvre, et qu'une allure d'ensemble ne doit être entravée par rien, ni par l'attente du souffleur, ni par une préoccupation d'effets personnels » (Antoine, 1903 : 611).

Il faut attendre Wagner et son *L'œuvre d'art de l'avenir* en 1850, pour restituer au travail scénique une autonomie digne de ce nom, reconnue par les critiques. L'avènement du nouveau pouvoir de la mise en scène, source d'un nouveau savoir (incarné par Stanislavski, Meyerhold, Craig, Copeau), procède de l'émancipation des systèmes de signes. La distinction entre le fonctionnel et le significatif, l'interpellation de l'écriture textuelle par l'écriture scénique chez Brecht couronnent l'épanouissement d'un discours ouvert à la richesse de la représentation en actes et à l'instigation du sens.

2 *Comment les sciences abordent-elles le théâtre ?*

Pour sa part, le discours scientifique tenu aujourd'hui sur le phénomène théâtral, et qui s'est substitué à la norme critique sans toutefois, espérons-le, développer les stéréotypes de censure, ne peut faire abstraction du conflit de pouvoir.

Bien des praticiens se déclarent réfractaires à la distance cognitive ou considèrent que la création est ineffable. D'aucuns, férus de théorie, estiment que le seul commentaire autorisé est celui du comédien ou du metteur en scène. La recherche théâtrale du créateur Eugenio Barba, développée à l'ISTA, par exemple, a vocation scientifique. D'autres, enfin, acceptent la rencontre dans des lieux de dialogues : universités d'été, stages, ateliers intensifs, voire espaces plus structurels issus de la transformation profonde des écoles d'acteurs, des Conservatoires et des universités dans le contexte de la réforme de Bologne. À la recherche fondamentale s'articule une « pratique théorisée », adossée aux savoirs professionnels et à la mise en perspective des acquis neurobiologiques induits par les métiers du spectacle.

Face au théâtre, les champs d'investigation scientifique, que l'on pourrait taxer globalement de théâtrologique sont multiples et souvent croisés. Nous ne retiendrons pas les sciences périphériques, telle la psychologie générale, dont les méthodes ont nourri la théorie, pour ne répertorier que les principales démarches qui ont véritablement développé un territoire au centre duquel se trouve l'objet-théâtre. Citons les disciplines qui ont pour nom :

- sémiologie du spectacle : elle étudie la production et la réception du spectacle comme systèmes complexes (systèmes de signification, traduction intersémiotique, énonciation, compétences, stratégies de coopération, interprétation, socio-sémiotique, sémio-pragmatique); tant la performance que l'énoncé du texte peuvent être considérés comme systèmes de signes ou faits de discours organisés en ensembles signifiants à l'intérieur d'une culture donnée;
- sociologie du spectacle : celle-ci couvre la sociologie des acteurs et des troupes (Georges Gurvitch, 1956), la sociologie des contenus dramatiques entendus comme reflets du contexte socio-institutionnel, des formes dramatiques et scéniques, les fonctions du théâtre dans la société (divertissement, transgression), les publics (conditions de réception, stratégies, communautés d'usage, collectivités, attentes, non-publics), la relation avec le quotidien;
- anthropologie : elle prend en compte l'être humain en représentation et la ritualisation de ce phénomène dans différentes cultures et époques, sous des formes particulières généralement reconnues; les études culturelles, de développement plus récent, (*cultural studies, gender on stage*) prennent le relais;
- histoire des codes : comme structure culturelle, le théâtre est un système dont les codes (d'espace, de jeu, de costumes sur scène et dans la salle) ont évolué et constituent les déterminants tant de la production scénique que du désir du spectateur. L'esthétique et la philosophie prolongent les questionnements sur les contraintes historiques.

Il faut y insister, ces dernières années ces disciplines deviennent de plus en plus perméables, offrant une compréhension tissée des phénomènes spectaculaires. Phénomène plus rare dans l'histoire des sciences, on observera que la théorie et la pratique se répondent : Vitez, grand lecteur de Barthes, se déclare partisan d'un théâtre qui fait signe; Mnouchkine, Barba, Brook se proclament partisans d'un théâtre interculturel; que dire, enfin, des pluralités rythmiques d'un Bob Wilson passionné par la déconstruction de la scène et influencé par la psychanalyse ?

La dimension épistémologique et politique, propre au théâtre, a été intégrée par la plupart des recherches contemporaines.

À la faveur de la mise en cause du modèle de la communication linguistique, la théâtrologie s'est interrogée sur ses limites et son objet. Le geste, moyen d'expression culturel (la langue des signes en est un exemple frappant), l'image, la théorie de l'émotion (Pradier, 1993) sont appréhendés sous un jour nouveau... Dès les années soixante-dix, la théorie théâtrale remet en cause, essentiellement dans le cadre sémiologique, deux modalités de son exercice :

- la construction du regard porté sur les pratiques de manifestation. La sémiologie a, en l'espèce, pris ses distances à l'égard du syndrome qui la hante : celui d'importer des méthodologies ayant fait leurs preuves dans d'autres domaines disciplinaires (linguistique, logique, analyse textuelle, théorie littéraire, théorie de l'image, filmologie). En outre, elle trouve dans le champ spectaculaire un banc d'essai, un laboratoire qui la contraint à réévaluer les hypothèses de travail issues de la sémiotique générale ;
- l'objet des études théâtrales, l'écueil premier étant de considérer pour acquises les distinctions empiriques et métaphores errantes de la tradition dramaturgique. En particulier, la segmentation (scènes, actes), la séparation des pratiques spectaculaires, les notions d'espace, de public, de fiction véhiculent des stéréotypes parfois impensés situés historiquement et géographiquement.

La théorie d'inspiration sémiotique est, par là même, encline à repenser plus que toute autre discipline ses limites, sa méthodologie, son champ d'investigation, son métalangage et ses enjeux.

L'évolution de la théorie théâtrale tend à inclure l'événement de la représentation dans les faits de discours (image, geste, parole, texte) et, du même élan, s'interroge sur l'indépendance de la recherche. Très rapidement, et sans couper le cordon ombilical du texte (qu'il s'agit de resituer plutôt que d'évacuer) s'impose la nécessité d'étudier la *performance spectaculaire*, d'assumer la *complexité* de la représentation, de distinguer les études théâtrales des études littéraires et filmiques. Le passage d'une approche idéaliste (l'auteur précède le spectacle) à une conception plus matérialiste (le spectacle réside dans sa réalisation) entraîne des aménagements méthodologiques profonds. Les progrès de la sémiotique générale, en dialogue avec des sémiotiques territoriales (dont celle du spectacle) et les avancées en théâtrologie achèveront de bouleverser le paysage de la recherche. Aujourd'hui, les sciences humaines (sémiotique, *cultural studies*, études de l'intermédialité) ont renouvelé tant la manière de poser les problèmes que la définition de l'objet étudié.

3 *L'objet « théâtre » existe-t-il ? Comment définir le théâtre ?*

Les difficultés à appréhender le théâtre aujourd'hui, dans sa richesse polymorphe, trouvent leur origine dans un faisceau d'explications, dont la moindre n'est pas la technique de notation. Du point de vue de la réception, l'expérience personnelle, éphémère et sélective, constitue la meilleure manière, mais aussi la plus fragile, de conserver la trace de la représentation. Comment se remémorer la dialectisation entre plaisir, émotion, type d'attention, participation au mouvement, système de lecture ? Il faut voir, revoir la pièce, vivre ensemble l'expérience théâtrale, apprendre aussi (ambition de certains questionnaires pédagogiques) à développer une critériologie du plaisir. Toutes les autres formes d'archivage introduisent des contraintes qui invalident la démarche : la photo saisit un moment de la mise en scène mais non sa construction dans l'univers de référence du spectateur ; la vidéo, en fonction du nombre de caméras, de leur emplacement, de leur mouvement reflète une écriture-caméra plus que le rythme propre de la représentation. Sans doute disposons-nous également de quelques descriptions recourant à la verbalisation mais il s'agit de reconstructions, auxquelles on peut adresser des objections du même type que celles formulées à l'encontre de traductions par l'image.

Pour reprendre l'expression de Jakobson, il est impossible de noter le spectacle sans procéder à une *traduction intersémiotique*, c'est-à-dire à une opération d'interprétation d'un système de signes par un autre système de signes. Le spectacle théâtral, par définition éphémère, n'est ni (techniquement) reproductible ni répétable ni notable : sa duplication, son itération, sa réduction ne sont pas possibles sans altération du corpus. Cette singularité énonciative est propre au spectacle vivant : ni le livre ni le film ne sont soumis à pareilles contraintes.

Eût-elle été possible, la notation aurait constitué un véritable scandale méthodologique. La transcription, qu'elle soit symbolique, iconique ou linguistique, pose de véritables problèmes sémiotiques : que veut-on noter, à quel niveau de formalisation se situer ? La seule issue serait de se tourner vers une modélisation assumant son caractère construit et fragmentaire. La question posée dans ce cas porte sur le niveau de pertinence auquel se situe l'exercice. Comme le remarque justement Gianfranco Bettetini : « Une recherche attentive à cerner l'ensemble des transformations sémiotiques au sein de la représentation, est impossible ; de plus, et surtout, un tel projet ne peut pas s'inscrire dans une perspective aussi ambiguë et relative que celle de la structure textuelle » (Bettetini et De Marinis, 1977 : 15).

Reste, certes, l'appareil paratextuel (généralement antérieur à la représentation, nous y revenons) à la disposition du chercheur : cahier de mise en scène, notes, indications prosodiques, relevés de mouvements, livres de régies, programmes, dossiers de presse. Exceptionnellement, quelques illustres praticiens ont laissé des documents globaux. On peut citer le *Modellbücher* de Bertolt Brecht, le *Regiebücher* de Reinhardt, le *Model Stage*s de Craig. Traces utiles, en l'occurrence, mais d'autant plus rares aujourd'hui que se multiplient les formes spectaculaires improvisées ou collectives.

Les créateurs n'ont pas la tâche plus facile : la représentation repose-t-elle sur le texte dramatique, didascalique, sur la répétition, sur des contraintes de scènes (l'interaction des comédiens, l'occupation de l'espace, la mise en œuvre d'un rythme, le logiciel d'une scénographie) ? Rien n'est moins sûr : l'histoire du théâtre regorge de textes théâtraux demeurés non joués, de spectacles sans texte préalable, de répétitions qui se confondent avec le spectacle. Comment noter un projet à représenter, comment saisir des objectifs d'interprétation ? Otomar Krejca nourrissait cette ambition et rédigeait avant les répétitions un texte de scène redoublant en quelque sorte le support dramatique. C'est le fantasme qui hante l'art théâtral depuis le Moyen Âge, Kowzan l'a montré dans *Litté-*

rature et spectacle (Kowzan, 1975). On sait que quelques expériences ont été tentées, essentiellement pour assister le metteur en scène : elles concernent principalement le geste et sa place dans la mise en scène à venir. Le système de Laban poursuit cet objectif en chorégraphie. Au théâtre, une expérience a attiré l'attention, celle du Russe Ivanov, qui, dans les années vingt, propose d'utiliser les procédures de la partition musicale pour noter les mouvements, leur durée, leur rythme, leur direction et leur articulation aux objets sur le plateau. La tentative, sans nul doute intéressante, montre ses limites, polarisées par la vectorisation du mouvement, seul paramètre susceptible d'être appréhendé par les systèmes musicaux (Ivanov, 1977 : 89-102).

Les progrès de la communication non verbale, notamment grâce aux travaux d'Ekman et Birdwhistel (*Degrés*, 1993), ont permis d'améliorer la notation faciale et posturale. Paul Bouissac a rappelé que pareils efforts ont été tentés au cirque, tantôt sur le mode de la description, tantôt sur celui de la transcription (Bouissac, 1976).

Épreuve ultime de la limite, le projet d'Artaud atteste ce souci de « trouver un moyen de noter comme sur des parties musicales, avec un langage chiffré d'un nouveau genre, tout ce qui aura été composé » (Artaud, 1964 : 37), qui aboutit, en l'espèce, à montrer la partition dans l'espace du spectacle.

Outre les importantes réserves de principe, subsiste le caractère éphémère de la trace qui érige l'entreprise de notation théâtrale en geste désespéré. Les spectacles de Kantor sont intimement liés à sa présence de maître d'œuvre, voire à sa participation aux représentations ; dix ans après la mort de l'artiste, les témoignages, entretiens, manifestes ou enregistrements par vidéo sont loin de pallier l'absence du metteur en scène. La direction d'acteurs, effectuée par Giorgio Strehler, sa « présence » unique, sa conception de la répétition publique défient la mémoire. Sa manière de distribuer les rôles en fonction de l'équilibre vocal des interprètes, sa façon de monter sur le plateau, d'essayer sa voix, de prêter son corps demeurent indescriptibles. Le réglage des éclairages et son attention aux décors font partie de ces détails vécus qu'aucun carnet de bord ne peut restituer. De même, le travail sur le corps comme archive vivante, que Vitez effectuait avec ses comédiens, s'avère pratiquement impossible à fixer. Faut-il le déplorer ou s'en réjouir : la reproduction du spectacle ne déboucherait-elle pas sur sa mort ?

Cette problématique de la méthodologie se répercute sur celle du métalangage : celui-ci peut être organisateur ou, plus rarement, créateur. Dans les deux cas, la terminologie importe des héritages culturels qui influencent l'analyse : les formulations dramaturgiques ou héritées de la linguistique, par exemple, ont bien du mal à rendre compte de certaines expériences contemporaines.

L'hésitation du regard critique fait écho à celui des outils de captation. Multiples sont les tentatives d'approche révélatrices du regard porté bien plus que de l'objet analysé. Quelles que soient les manières de réagir, l'analyste aura assisté à la représentation : sa quête de supports stables sera, contrairement à la démarche de l'historien, du philosophe, du critique littéraire ou du philologue, demeurée inaboutie en raison même de la nature théâtrale du corpus.

Un premier type d'approche privilégie le texte et la problématique du découpage. L'influence d'une tradition théâtrale (distinguant l'acte, la scène et les unités de lecture) ne paraît pas étrangère à la démarche.

D'autres modes d'investigation portent sur la représentation en actes : au-delà de la question des constituants (le « texte spectaculaire » au sens large de texture composée du corps, de la voix, des objets, de l'espace) et de la matérialité antérieure au sens, se posent celles de la vectorisation, des parcours, de la construction de la signification au sein de la performance.

L'énonciation théâtrale et ses conditions constituent un autre angle d'exploration auquel la sémiotique et la sociologie fournissent les principaux opérateurs. Que signifie ce présupposé : « je suis au théâtre », fondateur de la situation spectaculaire ? Quelles sont les conditions qui régissent le régime d'adhésion du spectateur à l'œuvre jouée ? Qu'est-ce qu'une œuvre ? Comment aborder le statut du spectateur et du public ?

La problématique du champ culturel, dans lequel s'inscrit l'œuvre théâtrale et qui pèse sur la légitimation des stratégies de coopération, souligne l'importance de l'historiographie, de la sociologie et de l'anthropologie. Cette dernière discipline met en évidence l'intérêt des études centrées sur la relativité historique et géographique des cultures que nous appelons théâtrales. Peut-on parler de la même façon du jeu d'un acteur occidental censé entrer dans son personnage et du travail d'une danseuse kathakali éprouvant physiquement la dynamique des tensions corporelles ? L'expérience du jeu et du sens sera, selon le cas, indescriptible dans les mêmes termes.

Le statut de l'institution théâtrale mérite l'intérêt également. Le rapport au pouvoir, à la société, au discours critique détermine les ressources créatrices. Face au pouvoir politique, scientifique (le médecin et la psychothérapie), critique (la règle des unités), le processus créatif est amené à intérioriser des consignes qui influencent la production de sens.

Il est possible aussi de lire le spectacle comme témoignage de compétences de lectures, d'y retrouver la mémoire de manières de faire ou d'interpréter le théâtre à des instants précis de l'histoire. Molière intègre par exemple des moments qui prennent sens par référence à la mise en jeu de la *commedia dell'arte*, mise en jeu reconnaissable par le spectateur.

Certaines disciplines vont, enfin, jusqu'à mettre en cause l'objet « théâtre » et fondent leur exercice tantôt sur des modèles de simulation, tantôt sur un postulat d'incommunicabilité. Dans le premier cas, puisque la trace est réductrice, l'hypothèse consiste à assumer l'opération et à maîtriser au moins la construction intellectuelle sur laquelle travailler. L'effort sera d'abstraction et de réduction au modèle, au simulacre. Les études greimasiennes reposent sur de tels préalables. La deuxième démarche s'intéresse aux codes indicibles de l'expérience théâtrale. Jean Duvignaud note qu'on « construit une attente commune dont la trame invisible est perceptible par quiconque est monté sur une scène, un podium et connaît le caractère avide et "rongeur" du groupe, là, rassemblé, qui l'attend... On devrait dire que "dans les phénomènes de théâtralisation [...] – l'individu, sur la scène, produit par son corps et tout son être – paroles, gestes – des signifiés dont le signifiant ne dépend pas de lui mais de la salle, du public, de la sourde, de l'épaisse attente d'un groupe, hétéroclite ou choisi. Que ce public renvoie sur l'acteur la réponse que ce dernier lui propose, ces signifiants qui lui permettent de représenter une fiction qu'il ne construirait jamais seul » (Duvignaud, 1977 : 49).

4 *La théâtralité, un mauvais sujet ?*

Par analogie avec la littérarité, chère au Cercle de Prague et à Tzvetan Todorov, on a cherché, notamment à partir de l'esthétique, à circonscrire la théâtralité.

Cette notion n'a pas forcément partie liée avec la représentation : Eisenstein revendique la reconstruction d'une théâtralité dans le cadre de l'image filmique (son travail sur Tchékhov à l'écran atteste à suffisance la difficulté de passer du discours hétérogène de la scène à l'archidiscours filmique). Nous n'aborderons la question que par rapport au spectacle vivant.

Un numéro de *Poétique* se consacre en septembre 1988 à ce débat un peu fatigué : « Se poser la question de la théâtralité, c'est tenter de définir ce qui distingue le théâtre des autres genres, ce qui le distingue des autres arts du spectacle, et tout particulièrement de la danse, de la performance et des arts multimédias » (Féral, 1988 : 347).

L'idée d'un « langage » théâtral, réduit à la question du genre, rappelle non seulement le projet aristotélicien mais aussi l'esthétique hégélienne, qui proposait d'opposer le dramatique à l'épique et au lyrique. L'inconvénient d'une telle approche réside dans ses prémisses : une précompréhension de l'objet « théâtre », un déjà là culturel non problématique qui opposerait, de manière irrédentiste, un état ponctuel de l'histoire des arts du spectacle en Europe (fondé sur la prééminence du dramatique et sur la séparation des gestes créatifs) à d'autres traditions. La relation entre le genre et les pratiques de manifestation néglige en tout cas un avertissement méthodologique important de Greimas qui invite à repenser l'articulation entre les conditions d'universalité de la théorie et l'objet d'analyse : « Le discours est indifférent, en principe, au langage dans lequel il se produit » (Greimas, 1972 : 7).

Le vocable *théâtralité* peut cependant être entendu autrement et désigner la nature du travail mené au sein de l'espace énonciatif : Erika Fischer-Lichte (1992) évoque un travail esthétique particulier qui consiste non seulement à interpréter un objet comme signe mais à le montrer aux autres en tant que signe.

Le terme apparaît en France en 1954 sous la plume de Roland Barthes, dans sa préface aux projets de théâtre de Baudelaire. Il utilise le concept de théâtralité pour confirmer la distinction historique de la théâtralité et du texte : « Qu'est-ce que la théâtralité ? C'est le théâtre moins le texte, c'est une épaisseur de signes et de sensations qui s'édifie sur la scène à partir de l'argument écrit, c'est cette sorte de perception œcuménique des artifices sensuels, gestes, sons, distances, substances, lumières, qui submerge le texte sous la plénitude de son langage extérieur » (Barthes, 1964). La théâtralité serait une espèce de sensualité du texte, une matérialité dépassant le clivage écriture dramatique/didascalie, une texture ouverte au spectateur, une critique en actes de la représentation et de la signification. Le théâtre en particulier, remarque Barthes dans ses *Essais critiques*, est le lieu d'une « polyphonie informationnelle » où s'opère la transmission de messages multiples, différents par nature, simultanés, constituant cette « épaisseur du signe » « qui caractérise l'essence même de la théâtralité par opposition à la "monodie littéraire" ».

Dans les années 1970, les études théâtrales, en particulier, constituent un laboratoire privilégié du signe. Si, comme le remarque Peirce, l'univers entier est système de signes, du côté de l'institution culturelle, le spectacle théâtral manifeste avec le plus de pertinence cette circularité sémiotique. La position de Barthes, qui laisse deviner la mise sous tension du texte par l'énonciation scénique, ouvre la voie à un questionnement plus radical sur les modalités de la complexité sémiotique. La polyphonie théâtrale suppose un mode de réception susceptible d'affronter l'opacité des signes.

Josette Féral aboutit à une conclusion intéressante qui ouvre une piste en direction des rapports entre théâtralité et spectaculaire. Selon cet auteur, la théâtralité constituerait un type particulier de fiction instaurant dans la représentation un espace clivé, une béance qui met face à face dans un univers non quotidien un regardant et un regardé, espace dit spectaculaire dont le spectateur pourrait prendre conscience. Dans cette hypothèse, « si la notion de théâtralité déborde le théâtre, c'est qu'elle n'est pas une propriété dont le sujet ou les choses peuvent se doter sur le mode de l'avoir. [...] Elle est plutôt le résultat d'une dynamique perceptive, celle du regard qui lie un regardé (sujet ou objet) et un regardant. [...] Ce rapport peut être autant l'initiative d'un acteur [...] que celle d'un spectateur » (Féral, 1988 : 358).

En d'autres termes, la théâtralité résulterait d'un discours installant le cadre de référence (permettant la construction d'une fiction) spectaculaire. Ce cadre fictionnel pourrait être conçu comme mise en œuvre de signaux déclenchant la construction de compétences (j'énonce un discours qui signale une situation de pratique à percevoir comme spectaculaire). C'est donc vers la question du statut du discours spectaculaire que pareille suggestion nous oriente.

5 *Que recouvre la catégorie du spectaculaire ?*

Aux alentours de 1970, se développe un paradigme fécond qui va inciter praticiens et chercheurs à aborder le théâtre dans une perspective multipolaire et intégrée. Prolongeant Monod et Changeux, Ilie Balea (Balea, 1982) évoque un niveau fonctionnel du système nerveux central, la fonction de simulation.

Les neurobiologistes, tel Henri Laborit, parlent de fonction spectaculaire propre à la latéralité du cerveau. « Le cerveau gauche a, en Occident, gouverné l'activité théâtrale de son activité réductrice et langagière. À l'opposé, l'hémisphère droit est celui de la synthèse, de l'approche globale des problèmes posés, celui de l'occupation de l'espace, du geste, celui de la musique et non de l'harmonie. Ainsi le geste est à droite et la parole à gauche, au niveau des zones de Wernicke et de Broca [...]. C'est sans doute cet hémisphère droit qu'a privilégié le théâtre oriental et toutes les expressions artistiques des civilisations dites primitives ou tribales » (Laborit, 1982 : b22). Le cerveau droit, principale commande des activités spatiales, esthétiques et non logico-discursives, déterminerait des activités non verbales apparentées à la performance spectaculaire. Et Laborit d'évoquer le programme génétique (inhérent au comportement animal de la parade amoureuse) dont l'auteur théâtral serait en quelque sorte la métaphore.

L'action de représentation serait une rencontre cathartique entre auteur, acteur, spectateur. Le spectacle vivant, recourant aux structures neurobiologiques de l'hémisphère droit du cerveau, permettrait d'incarner les conflits de pulsions dans un système ouvert, et donc de résoudre ceux-ci par la simulation. Le théâtre, lieu des fantasmes, désinhibe : la rencontre entre créateur, acteur et spectateur évacue les conflits entre pulsion et apprentissage socioculturel.

Notre expérience humaine implique, et les psychologues le rappellent, que la simulation, l'illusion, le jeu font partie de la symbolique empirique de tout enfant et structurent de façon transversale et plurielle la construction de sa personnalité.

Du côté de la réception, le neurobiologiste Étienne Labeyrie formalise un discours sur la mémoire et la perception spectaculaire, opérationnelle, holographique et liée au comportement de groupe, approche résolument holistique par opposition à la mémoire/perception logique et linéaire : « Quand on observe la réaction d'herbivores, tels que les zèbres, lorsqu'ils sont attaqués par un lion, il est frappant de constater que l'ensemble des animaux se défend comme un seul individu. La tactique de chacun d'entre eux profite au groupe, elle consiste à tourner autour du prédateur en rangs serrés pour qu'il ne puisse les distinguer les uns des autres. Une telle tactique n'est possible que dans la mesure où chacun des animaux perçoit à chaque instant la position de l'ensemble du groupe et se comporte en conséquence. Il s'agit là de perception spectaculaire » (Labeyrie dans Helbo, 1986 : 172). Ce que nous appelons le *public* n'est rien d'autre que la représentation symbolique d'une communication non explicitement codée qui construit un individu collectif ; cette mise en place s'opère selon un mode d'organisation de l'espace permettant une perception qui repose sur la mémoire holographique.

Les sociologues, de Duvignaud à Goffman, rappellent que la théâtralité est la trame de notre culture, et non l'exception. Baudrillard propose sa typologie du simulacre. Qu'il s'agisse de production ou de réception, l'accent est mis sur un mode de représentation ou de perception spectaculaire innée dont le théâtre serait l'exemplification. Inné ou acquis, le spectacle serait la règle, mais l'art posant celui-ci en système autonome et signifiant l'érigerait en pseudo- exception. Paradoxe du théâtre, forme esthétique consacrée, lieu assignable de la signification mais dont la signifiance relève d'effets multiples – qui lui échappent – dans le champ du spectaculaire.

Pareille perspective justifie l'importance de la notion de convention théâtrale. Celle-ci constitue la pierre angulaire des

modélisations qui viennent d'être évoquées. Si l'on admet que la fonction spectaculaire normalise la culture, l'art théâtral sera appréhendé en termes de processus permettant d'isoler l'univers spectaculaire de ce qui l'en sépare : c'est de façon arbitraire que l'isolat théâtral se pose en exception par rapport au monde dont il est l'illustration. Ceci revient à définir le théâtre comme un art du *seuil* et plus précisément de la décision portant sur la mise en seuil. Les modalités du *seuillage* sont repérables grâce aux outils suivants.
L'idée de *rituel dramatique* est soulignée par Jean Duvignaud (Duvignaud, 1965 : *passim*). Le caractère conventionnel du spectacle insiste sur le caractère sociologiquement arbitraire du phénomène spectaculaire : la fête publique, le rite religieux, le jury d'examen, l'inauguration ont en commun le caractère *symbolique*, au sens peircien, de la cérémonie qu'ils instituent.
La liaison entre ces rituels spectaculaires et la vie quotidienne est appréhendée avec finesse par Erving Goffman (Goffman, 1974). Celui-ci insiste sur la spécificité de la représentation (figures de l'interaction, conflits d'images véhiculées consciemment afin de communiquer avec l'autre) comme dispositif du réel : le rapport social serait structuré, organisé sous forme d'actions, contre-actions, répliques finales.
La nécessité s'impose, par conséquent, d'aborder l'ensemble des pratiques de manifestation afin d'en dégager la spécificité et les modes opératoires que les institutions spectaculaires (théâtre, opéra, chorégraphie, cirque) isolent, encadrent, mettent en scène. C'est la démarche d'Henri Laborit, analyste de la socio-culture des systèmes d'organisation (Laborit, 1982 : b1-b23). C'est celle aussi de Goffman lorsqu'il évoque les cadres (*frames*) spectaculaires.

En 1982, s'est tenu le premier congrès de l'association internationale pour la sémiologie du spectacle, réunissant des personnalités aussi différentes qu'Erving Goffman, Henri Laborit, Eugenio Barba, Tadeusz Kowzan, Marco De Marinis, Jean-Marie Pradier (*Degrés*, 1982). L'objet était de fonder une recherche paradigmatique sur le spectacle : paradigme comme totalité, matrice disciplinaire, *integron*, champ d'hypothèses. Les propositions rassemblées étaient destinées à suggérer les lieux et les conditions d'une cohérence opératoire. Partis d'horizons différents, peirciens et greimasiens se rejoignirent au moins sur un point : celui de considérer comme essentielles les stratégies par lesquelles le spectacle redouble les marges et les cadres pour exister comme tel tout en multipliant les moyens destinés à s'ancrer dans les systèmes de signification.

Ces dernières années, les investigations cernent la spécificité théâtrale dans le champ spectaculaire. Des disciplines nouvelles, ethnoscénologie, ethnochoréographie, accompagnées par la sémiotique, soulignent la pertinence d'une appréhension où le corps, l'énergie, l'espace, le rythme, la proprioception renouvellent l'intelligence de la production et de la réception de la scène. La pertinence des arts vivants comme objet construit ouvre de nouvelles perspectives.

6 *Comment relever le défi méthodologique du spectacle vivant ?*

Il est d'usage de confronter les arts du montré à ceux du narré. Opposé au cinéma, le théâtre est généralement associé au MRP, mode de représentation primitif. Celui-ci désigne la logique de plateau réglant les entrées et sorties des personnages, la latéralité et la frontalité des déplacements. Il vise aussi le statut de l'image scénique, à la fois tabulaire, autonome et en dialogue avec la linéarité du continuum théâtral.

On songe, par exemple, à l'esthétique que défendit un temps Tadeusz Kantor, celle du « théâtre zéro », visant à congédier toute action ou récit au profit de l'image ou de l'action scénique.

S'inscrivent également dans cette perspective toutes les expériences théâtrales où la langue est conçue comme un vecteur de l'image : Emma Dante monte en tournée sur les scènes européennes des pièces en dialecte sicilien, dialecte inconnu de la plupart des publics, et refuse le surtitrage, attirant l'attention sur le signifiant matériel de la voix et du geste. *M Palermu* est un travail sur le jeu et l'image scénique associée à la musique. La conjonction des corps, des objets, des costumes, des voix, du jeu d'acteur dialogue avec l'environnement musical et la configuration du groupe en perpétuel réaménagement combinatoire.

La dette que le cinéma des premiers temps a contractée à l'égard de cette modalisation spatiale s'explique par cette filiation :

le découpage en cases imposé par Méliès pour structurer les déplacements de ses acteurs renvoie au dispositif scénique. Découpage qui n'est pas étranger à l'histoire sociale et à la volonté d'attirer le grand public.

Il s'agit, comme le rappelle Burch, reprenant le mot d'Eisenstein, d'une esthétique de *l'attraction*, privilégiant le plan par rapport à la séquence ou à la narration (Burch, 1991). La représentation (mise en scène, mise en cadre, perspective) règne en maître.

Ces considérations d'ordre visuel s'accompagnent moins souvent d'observations sur le son et sa localisation. On pourrait insister sur la parenté entre l'accompagnement musical et sonore offert en salle lors de la projection des films sonores et la dialectique son/image articulée par le spectacle théâtral classique.

André Gaudreault, parmi d'autres, préfère au vocable représentation celui de monstration pour caractériser ce qu'il appelle (l'expression mérite débat) le *récit scénique*. Le poids du MRP se marque donc au niveau du texte, censé orienter vers la « monstration » (Gaudreault, 1988 : 91), « pour caractériser et identifier ce mode de communication d'une histoire qui consiste à montrer des personnages qui agissent plutôt qu'à dire les péripéties qu'ils subissent ».

Le moment du passage du MRP au MRI (mouvement de représentation industrielle), pour conserver la terminologie de Burch, marque la rupture entre spectacle vivant et spectacle médiatisé. Le MRI articule *figurativité* et narrativité : l'écriture, le montage apparaissent comme des conquêtes sur la représentation. Conquêtes que traduisent diégèse, identification, usage du champ et du contrechamp. Le spectacle vivant serait donc défini par l'absence de MRI.

Il faut rappeler, cependant, que le modèle théâtral peut avoir partie liée avec des processus de construction ou de mise en phase proches du MRI. La *structuration* du rythme est devenue dans la mise en scène contemporaine une donnée essentielle : lorsque Vitez postmodernise *Tartuffe*, il imprime d'abord dans la mémoire du spectateur un modèle prosodique qui respecte la versification classique et la pertinence du mouvement, pour ensuite libérer l'acteur des contraintes de la diction : congédiant l'alexandrin, le comédien jette alors sa perruque et donne libre cours à une violence gestuelle incontrôlée. Cette dépense énergétique et émotionnelle, le spectateur la vit comme un écart par rapport aux normes que l'*incipit* avait inscrites dans sa mémoire. La crise émotionnelle du personnage est perçue et prend sens en tant que crise de la convention oratoire et des codes théâtraux. La représentation se mue en montage/collage suiréférentiel d'îlots pathémiques à confronter. De même, Chéreau aux *Amandiers* ouvre la mise en scène d'*Hamlet* par une conjonction silence/pénombre/lenteur qui organise une matrice perceptive par rapport à laquelle le spectateur construira sa mémorisation, son rythme cognitif, son appréhension de la suite de la pièce. Les modulations lumineuses, vocales et gestuelles seront perçues comme des écarts mesurés par rapport à la norme, au *pattern* que pose le premier tableau.

Une forme privilégiant la syntaxe et la série et s'appuyant sur des effets de spectaculaire proches de la danse (Carmelo Bene dans *Roméo et Juliette* par exemple) repose elle aussi sur des contraintes qui rappellent le montage. Gilles Deleuze parle de Carmelo Bene comme d'un opérateur d'intensité : « Il se définit comme "opérateur", plus encore qu'auteur et acteur. C'est-à-dire qu'il crée des images et travaille sur les éléments fondamentaux de l'image ; gestes, postures, mouvements, couleurs, lumières, voix et sons. Dans chaque œuvre de Carmelo Bene, c'est un travail de variation continue de tous les éléments de l'image, chacun pour soi et les uns par rapport aux autres. Art de vitesses et d'intensités, l'opération suscite chaque fois un "continuum" visuel et sonore, et construit une machinerie correspondante (du play-back au synthétiseur) » (Deleuze, 1982 : 113).

Faut-il citer enfin Bob Wilson, dont *Le Regard du sourd*, spectacle de sept heures construit sans recours à la voix, utilise la régie lumineuse comme processus de structuration comparable au dispositif narratif.

La définition par l'absence de MRI semble d'autant plus discutable que la pratique théâtrale contemporaine se nourrit aujourd'hui de l'intermédialité. Sur le plan esthétique, celle-ci revêt au moins trois formes d'interaction :

– la condensation : le spectacle vivant utilise les ressources du MRI ; les expériences de théâtre filmé menées par Brook (*Marat-Sade, Falstaff*) ou Mnouchkine (*1789*) suscitent la rencontre entre l'homogénéisation totalitaire du film et la multipolarité du spectacle vivant ;

– la contamination : le spectacle vivant fonctionne à la manière du MRI (le Cirque du Soleil adopte la structure narrative et le mode de réception des industries culturelles, certaines productions théâtrales ou chorégraphiques intègrent l'utilisation de la vidéo sur le mode du MRI) ;

– l'exclusion : le spectacle vivant se redéfinit pour marquer son refus des technologies nouvelles. Le théâtre pauvre de Grotowski, centré sur le travail du comédien et sur sa corporéité, pourrait être interprété comme un rejet de toute forme d'intermédialité.

Le critère de l'énonciation des pratiques du spectacle est toutefois prégnant bien au-delà du paradigme formé par les relations croisées de la médiation. Outre la représentation médiatisée ou non par la narration, le concept de spectacle vivant suppose des manifestations spectaculaires organisées, à visée esthétique.

Concernant le théâtre, l'opéra, le cirque, la danse, les arts de la rue, le spectacle vivant rassemble des pratiques dont les conditions d'énonciation sont communes et énumérées ci-dessous.

7 *Peut-on identifier les conditions d'énonciation du spectacle vivant ? Comment formuler les notions-clés ?*

Dans quelle mesure les progrès accomplis par l'étude du spectacle vivant autorisent-ils une autre saisie de l'événement théâtral ? Ils permettent en tout cas de mettre en évidence quelques outils d'analyse grâce auxquels on peut aborder le théâtre de manière comparative.

La convention « Je suis au théâtre »

Il s'agit du processus de *seuillage* par lequel un spectacle se distingue délibérément du monde naturel tout en le réintégrant dans son discours.

Font partie de ces processus tous les mécanismes de séparation entre théâtre et quotidien ainsi que d'identification de la marque théâtrale : communication du projet, détour éventuel du lieu, entrée au théâtre, parcours du spectateur, franchissement du lieu, acquittement ou non d'un droit d'entrée, manières de frayer le passage, distribution du programme, présence ou absence d'un espace de soutien, accompagnement de la mise en jeu et du grimage de l'acteur, poids de l'entracte, nature de l'activité d'entracte, retour au monde naturel, prolongement de la perception spectaculaire du public et des comédiens, sortie de la représentation et retour au monde naturel.

Le critère permet de situer les stratégies par rapport à certaines cultures théâtrales : le théâtre de marionnettes japonais (*buranku*) multiplie par les mimiques, la parole du récitant et les gestes les paramètres d'explicitation du contrat ; les arts de la rue ont à redéfinir sans cesse la convention et les modes d'appropriation de l'espace ; l'opéra repose sur des systèmes hypertrophiés de convention, qu'il est inutile de réaffirmer ; les entractes permettant la suspension de la convention sont à la mesure de l'effort fourni pour entrer dans l'univers de la représentation ; au cirque, la relation au monde naturel et à la vérité du risque apparaît infiniment plus distendue qu'au théâtre (le basculement dans la vie quotidienne est perçu comme imminent, la rhétorique du numéro repose sur le présupposé selon lequel les risques d'accident sont « réels », c'est-à-dire identiques à ceux du monde naturel).

L'espace

Si la conscience partagée d'être au théâtre s'affirme comme un présupposé constitutif de la marque spectaculaire, l'espace est un adjuvant de cette construction symbolique.

Dans les traditions européennes, l'espace théâtral se présente sous des formes mimétiques ou symboliques : antique, à l'italienne, élisabéthain, en tréteaux. Il peut s'agir de lieux fixes ou ouverts, d'arts de la rue se réappropriant la ville. Le point commun de ces formes esthétiques (scénographiques) est qu'elles s'énoncent de façon *spectaculaire*, dans l'acception où l'entend Labeyrie (cf. question 5). Il convient de s'interroger sur les conditions constitutives d'un espace indispensables à la perception spectaculaire ; dans quelle mesure le lieu théâtral, la piste de cirque, ou la structure récurrente de l'opéra répondent-ils à des objectifs identifiables de ce point de vue ? La comparaison avec des traditions non européennes est en l'occurrence également éclairante : il est frappant de constater à quel point les présupposés spatiaux de l'énonciation spectaculaire se répètent d'un point à l'autre du globe.

Le spectateur et le public

La présence inventive et silencieuse du spectateur détermine l'énonciation théâtrale. Il s'agit d'une présence moins physique qu'actantielle, voire déléguée ou associée à d'autres actants : sans regard observateur, pas de spectacle.

Par-delà cet actant symbolique, se pose la question des systèmes constitutifs du regard :

– la notion de spectateur a un caractère « feuilleté » : spectateur *modèle*, elle rassemble des horizons d'attente inscrits ou non dans l'œuvre; spectateur *empirique*, elle concerne des habitudes de fréquentation, une encyclopédie, des coopérations émotionnelles, cognitives, évaluatives, interprétatives;

– la notion de public suppose un « regarder/vivre ensemble » développant des stratégies d'attention, de perception collective, d'identification au groupe, de participation ici et maintenant à un « common ground », selon le mot de Peirce, qui implique des habitus, l'appartenance à un champ culturel, une légitimation, une *tribalisation*.

Dans cette optique, une critériologie des arts vivants peut être établie : de la mégalomanie infantile du spectateur de cirque traditionnel, à l'identification, à la distanciation du spectateur des pièces de Brecht, ou à la consommation du vaudeville, l'éventail est large et significatif.

La bipolarité entre performance et fiction

Le regard de l'observateur participe à la construction de l'énonciation spectaculaire. Cette construction contribue à la mise en place d'un collectif d'énonciation auquel participent scène et salle.

Cette énonciation s'invente *in praesentia*, elle permet l'émergence de l'événement spectaculaire à la fois comme *performance* (des objets et des corps de théâtre renvoient à des objets matériels et des corps du monde ou postulent cette référence pour construire une identité fondée sur la référence à l'univers théâtral) et comme *fiction* (l'illusion plus ou moins acceptée permet de croire à un ailleurs évoqué par la scène).

Au cirque, la tradition invite à répéter un numéro toujours identique perçu/créé sur le mode de la performance.

La danse est performance avant d'être fiction, même si elle n'exclut pas la dimension narrative.

Le théâtre développe, selon la tradition, des dominantes propres à tel ou tel mode d'adhésion.

La partition du comédien

Elle reflète ce double enjeu. Tantôt personnage tantôt comédien, l'instance scénique joue et montre qu'elle joue. Le corps est matériau tour à tour visible ou lisible, objet ou sujet.

Le numéro de cirque « chiqué », qui feint le ratage pour exposer la difficulté de la performance, transforme le protagoniste en interprète de la prouesse ; l'accompagnement musical, l'insertion dans la séquence du spectacle, le commentaire de Monsieur Loyal se chargeront toutefois de rabattre cette énonciation dans un énoncé fictionnel lié à la cohérence globale du spectacle. L'image dansée met en regard un personnage, un corps, un commentaire par le corps sur l'exhibition du corps.

Le texte traversé

Le statut du texte théâtral, lorsqu'il préexiste à la représentation, est donc particulier, de nature interstitielle : troué par la performance, par l'histoire de la mise en scène, il revêt à son tour un caractère de partition. Il sert à la fois de matériau et de vecteur du sens. Happé par la mise en scène, il tisse en creux les conditions d'exercice de la parole scénique, entre en confrontation avec les systèmes signifiants.

Contrairement au scénario filmique, qui rassemble des points de vue sur des images, le texte théâtral coexiste dans la représentation avec d'autres matériaux spectaculaires, tirant sa signifiance de la dualité entre sa transparence et son opacité.

Le couple dénégation-identification

Le régime d'adhésion du spectateur oscille entre les modes primaire (émotionnel) et secondaire (logique). Il combine à la fois un régime de croyance à la fiction, à la performance et une mise à distance par la conscience de l'énonciation théâtrale (je sais bien que l'univers est théâtral mais j'y crois comme si c'était du réel). Le spectateur associe l'identification à la fiction (primaire au sens psychanalytique : j'y crois comme si ce personnage sur les planches était moi, secondaire au sens metzien : j'adhère à la fiction) et la « dénégation » (Ubersfeld, 1981 : 311) de celle-ci (c'est une fiction de théâtre). Il s'identifie à la performance (je reconnais ce geste, ce corps, cette prouesse comme si j'en étais l'énonciateur et j'y crois) et conteste à celle-ci son statut de réalité (même si je sais qu'ils sont artificiels).

8 *Peut-on établir une typologie des arts du spectacle ?*

On peut d'ores et déjà distinguer :

- *les arts du spectacle* : catégorie générique couvrant les arts vivants et les arts médiatisés,
- *les arts de la représentation* : formes esthétiques recourant à l'iconicité (peinture, photographie, bande dessinée, cinéma, certaines formes de théâtre, de danse ou de cirque),
- *les arts (exclusivement) mécanisés* : enregistrement et reproduction du même message esthétique au détriment de sa force événementielle. On différenciera donc la reproduction filmique et la reproduction télévisée (susceptible de provoquer un effet de direct). De ce point de vue, les *arts de la scène* mettent en œuvre le critère inverse : utilisation vivante (non médiatisée par l'écran) de la scène,
- *les arts du spectacle vivant* : pratiques spectaculaires de nature esthétique organisées en fonction de conditions d'énonciation liées à leur nature événementielle : théâtre, opéra, cirque, mime, danse, danse-théâtre, arts de la rue, festival, marionnette, corrida, arts forains, music-hall, cabaret, strip-tease, concert, etc. Soulignons au passage que la séparation entre ces différentes catégories est liée à l'histoire culturelle : à d'autres moments de l'histoire, sous d'autres latitudes, ces expériences se fondent en des alliages infiniment variés,
- *les comportements spectaculaires organisés* sans visée esthétique principale : carnavals, conférences, jeux de casinos, peep-show, activités sportives, cérémonies militaires et religieuses, parc d'attractions, événementiel, publicité disruptive, etc.

Ces types de production correspondent à des contraintes sociologiques, à des régimes sémiotiques de réception et à des réponses neurobiologiques propres.

Les conditions sociologiques

On sait depuis Walter Benjamin que le cinéma se caractérise par sa reproductibilité, par l'intervention de l'appareil technologique et par la massification du public. L'expérience de la consommation découle de celle de la réduplication. Le processus créatif s'estompe devant la nécessité de « passer au produit suivant », même si : « La reproduction mécanisée de l'œuvre d'art modifie la façon de réagir de la masse vis-à-vis de l'art. De rétrograde qu'elle se montre devant un Picasso par exemple, elle se fait le public le plus progressiste en face d'un Chaplin » (W. Benjamin, 1971-1981).

Dans le cas du MRI, l'aura liée à la singularité de l'œuvre, au sens dont l'esthétique grecque est le modèle, se dilue dans la valeur d'exposition de l'art. Le film, « symbole de la perfectibilité mécanique, a introduit une qualité décisive en art : l'*exposabilité* », l'ostension de la performance en vue de sa reproduction captée. L'appareil se substitue au public. C'est ainsi que se traduit de façon socio-esthétique l'avènement de la culture industrielle.

La télévision met en cause tout projet communicatif : émetteurs et textes prolifèrent au point de désagréger l'énonciation ; les genres se confondent dans l'*atextualité* (publicité, information, fiction sont combinés) ; l'actant-spectateur se dissout dans l'interaction immédiate de la consommation.

Le spectacle vivant, théâtral en particulier, se présente comme un art non reproductible et destiné à être reçu par un ensemble de spectateurs actifs dans le processus énonciatif. La relation se fonde moins sur la consommation que sur le plaisir singulier ou l'émotion de l'amateur éclairé. Plus question donc de légitimation quantitative ou promotionnelle.

Pour reprendre l'expression de Fresnault-Deruelle (Fresnault-Deruelle, 1993), l'image scénique est *circonvenue* : interrogée par elle-même, elle exhibe ses codes, se démarque du monde et appelle un plaisir de reconnaissance de la représentation. Là où l'image de consommation se donne pour achevée, totalitaire, celle de la scène s'offre comme résistante, requiert la concentration et le trouble et pose la question de l'accès au réel, de l'écart, de la construction sémiotique.

Régimes sémiotiques de réception

La mise en cadre s'opère de façon radicalement différente.

Le spectateur de film se trouve prisonnier des contraintes du réalisateur : absorbé sans rémission par l'écran, il est censé épouser les suggestions cognitives du montage, suturer les pièces pour tisser la narration.

Le spectateur de télévision, Jost le rappelle (Jost, 1999), doit gérer l'indétermination : il se trouve confronté à une promesse discursive qu'il lui faut identifier, avant de l'accepter. Entre les mondes authentique, fictionnel, ludique, les fils se nouent et se défont ; face au flux, le téléspectateur subit les stimulations, trouve les repères, accepte le pari ou change de chaîne.

Le spectateur de théâtre prélève des prises de vue dans le continuum spectaculaire et construit son propre montage. En dialogue permanent avec les signaux scéniques qui guident son attention, il conserve le libre-arbitre de détruire l'image scénique et de construire du sens à sa guise. Convié à un incessant va-et-vient entre le synchronique et le diachronique, entre la matérialité plastique et la cohérence fictionnelle, entre la performance et la fiction, il est le « machiniste » (Pavis : 1996) de ses émotions, de la construction, de la singularisation, de la fabrication du sens.

Selon l'expression de Yannis Kokkos, le spectacle vivant est un art « en attente de l'autre » (Kokkos, 1989).

Réponse neurobiologique

On sait aujourd'hui que des zones précises de l'œil et du cerveau sont interpellées de façon différenciée par les pratiques spectaculaires.

L'état filmique, cher à Christian Metz (Metz, 1977) dans *Le Signifiant imaginaire*, désigne la rêverie éveillée qui caractérise le spectateur de cinéma. Bien qu'installé dans son fauteuil, prisonnier de la salle obscure, noyé dans un espace visuel et sonore qui l'engloutit, celui-ci mobilise face à la luminescence de l'écran toutes les ressources oculaires diurnes : vision fovéale, scopique, zones frontales du cerveau responsables des anticipations, des manipulations cognitives et linguistiques, de l'analyse. De ce point de vue, le film appelle des stratégies intellectuelles très proches de celui que le tableau ou le livre suscitent chez le contemplateur de peinture ou le lecteur : il s'agit de fouiller l'image, de l'épeler, de l'analyser, d'épouser au mieux les propositions du cinéaste.

Des chercheurs du Centre d'études Mac Luhan (parmi lesquels Derrick de Kerkhove) ont montré que le média télévisé s'adresse à des zones corticales et rétiniennes différentes, proches de l'hippocampe et de la vision périphérique nocturne. Face au flux télévisé, à l'indistinction, le téléspectateur met en veilleuse les fonctions analytiques portant sur les contenus pour réagir aux stimulations sensorielles et reconfigurer le visible. Sa démarche vise la reconstitution des fragments, la réappropriation de formes globales à partir de stimulations.

Le spectacle vivant sollicite de la façon la plus complexe des réponses émotionnelles et des stratégies d'attention tabulaire et linéaire face au continuum scénique. Plus que dans les autres arts, le spectateur, sommé de construire son propre « montage », affronte des focalisations multiples (gestes, voix, éclairage, musique). Il se trouve impliqué dans la relation avec les autres spectateurs (perception spectaculaire de type holographique). Son activité neurobiologique en appelle au regard diurne, ce qui explique à la fois les différentes options de la scénographie en matière d'éclairage ou d'obscurité de la salle, la structure de la pause permettant le repos sensoriel, l'entracte et les rituels marquant le changement d'identité : vestiaire, parcours, occupation de l'espace, choix de la place dans la salle, position dans l'espace, distance par rapport à la scène, etc.

9 *Existe-t-il des formes spectaculaires qui échappent aux typologies ?*

La typologie qui vient d'être proposée s'inspire d'une sémiotique énonciative.

Elle s'écarte des définitions centrées sur la substance de l'expression, sur la description empirique des pratiques et qui privilégieraient un ordre sensoriel (certains sollicitent parfois l'étymologie – *spectare* : regarder – pour opposer, par exemple, arts de la vue et de l'écoute).

Cela ne signifie pas pour autant que la création, qui recourt à ces acquis empiriques, ne soit pas consciente de la problématique. Certains dispositifs syncrétiques exploités dans la création contemporaine, volontiers intégrative et immersive, posent la question du spectaculaire de façon particulièrement attentive aux conséquences discursives.

Des pratiques mettent en place un cadre énonciatif dont les constituants répondent de façon parfois partielle, parfois exacerbée aux contraintes spectaculaires. C'est le cas de la performance, qui évacue, et pour cause, la dimension fictionnelle de manière à exhiber un processus spécifique campé avec pertinence par Olivier Sécardin : « D'abord effet de cadre de la définition négative, ce que n'est pas la performance : elle n'est pas une œuvre, elle n'est pas un art, elle n'est pas un grand récit, elle n'est pas même une narration – elle ferait horreur à Merce Cunningham –, elle n'est pas foncièrement intentionnelle nous dit John Cage, elle n'est pas académique bien qu'elle joue un rôle fondamental dans l'histoire de l'art du XXe siècle, elle n'est pas une orthodoxie... Elle se définit comme une expansion fluide de systèmes sémiotiques dits secondaires, historiquement discriminés, dont la collaboration et la mise en concurrence s'organisent le temps d'une représentation, sachant que cette représentation peut très bien n'être pas figurative et qu'elle peut durer sinon être répétée. Dans la performance, la pétition de principe veut que le spectateur puisse prendre part à la production, l'orienter, l'interrompre et/ou la modifier. Elle sollicite davantage la fonction conative et l'activité du spectateur que la dramaturgie classique européenne [...] » (Sécardin, 2005).

Il faut toutefois insister sur le fait que l'expérience, décrite par Sécardin comme rupture des limites, se situe de plein droit dans le champ spectaculaire : elle repose sur un présupposé de spectacularisation dont le spectateur constitue le garant. L'intervention de ce dernier s'opère dans les limites fixées par le contrat et constitue de ce point de vue une mise en évidence délibérée de l'observation bien plus qu'une transgression. Jacques Lassalle formule à ce sujet une proposition imagée qui souligne le caractère conscient et composite de tout texte spectaculaire dont le spectateur est la chambre d'écho. « Mettre en scène », affirme-t-il, « c'est représenter dans l'ici et maintenant de la représentation, le rapport singulier que le metteur en scène, le plasticien, l'acteur entretiennent avec le texte, dans la prise en compte très rigoureuse d'une écriture comme composition, respiration, corpus sémantique, syntaxe. Et cela produit un autre texte qui ne doit être ni le redoublement, ni l'illustration, ni la mise en péril du premier, mais sa résonance, son jeu d'écho en nous et chez les spectateurs. Ce texte ultime, c'est en effet en dernière analyse au spectateur de le constituer, mais c'est un texte composite » (Lassalle dans Kokkos, 1989).

La recherche a attiré l'attention depuis une dizaine d'années sur des traditions exogènes qui, réévaluant les bases mêmes de la convention, obligent à revoir les catégories véhiculées par l'histoire ou l'esthétique du théâtre occidental. Les séparations de type sociologique (danse classique, populaire, folklorique, sacrée), esthétique (moderne, postmoderne), sémiotique (théâtre du signe, du corps), dramaturgique (danse, théâtre, opéra) semblent du coup d'une pertinence bien arbitraire.

Le trouble terminologique face aux formes de représentation qui échappent à ces typologies est, en l'occurrence, lourd de suggestions. La culture indienne a codé les territoires de la représentation en fonction de catégories de pensée qui ne sont pas les nôtres : le spectacle joué-mimé-dansé par le *kathakali* relève d'un art sans clivage, qui déborde les séparations européennes et modernes de la danse, du drame dansé ou du théâtre. Ce qui fait la spécificité de cet art est son énonciation spectaculaire lovée dans l'écho, dans le tressage des ensembles signifiants. Maquillage, costume fonctionnent par la combinatoire des lignes, reflets, volumes. La mimique articule neuf expressions émotionnelles de base. La gestuelle trouve son sens dans une syntaxe, une géométrisation de l'espace, en miroir du chant qui l'accompagne. La musique, par son système et son style, s'intègre aux autres signes de la représentation. Même si l'iconicité n'est pas absente, ces signes fonctionnent à l'intérieur d'un ensemble qui fait sens. Le système de l'expression précède celui du contenu : le maquillage ou le costume deviennent ce qu'ils dissimulent. Là où la performance accumule ou juxtapose les modes d'expression, le kathakali les intègre au départ de la forme de l'expression (dans ce que Fontanille appellerait un non-langage). Forme figée depuis le XVIIe siècle, cet art élargit, épaissit le discours de la représentation et fonctionne sur fond d'une dimension spectaculaire dont le processus prend le pas sur le produit.

C'est également le cas des traditions japonaises, où l'acte énonciatif a pour but de visualiser l'intention plus que son accomplissement : il s'agit à la fois d'engager l'énergie et de la retenir. La maîtrise de l'acteur est donc celle qui permet d'appréhender l'architecture des tensions, de bloquer le mouvement. C'est en quelque sorte la dialectique qui définit le discours spectaculaire.

La culture balinaise utilise plutôt l'*indirection* des mouvements comme mode énonciatif caractéristique de la représentation. Le rôle de la diagonale figure de la sorte le détour de l'expression, propre au système gestuel.

Inversement, le théâtre parlé en Chine (1911) ou le *Shingeki* au Japon (1890) introduisent dans le spectacle oriental des techniques occidentales qui ébranlent les clivages entre pratiques. Faut-il citer le *Butho*, qui combine les manifestations spectaculaires de traditions occidentale et orientale ou le mouvement afro-caraïbien ? Au Japon encore, le *Little Theatre Movement*, dont les représentants principaux depuis les années soixante furent Shuji Terayama et Tadashi Suzuki, renforcent leur identité culturelle (le retour au No et au kabuki) pour intégrer ensuite la tragédie grecque, shakespearienne ou le drame tchékhovien dans des systèmes de représentation interculturels.

Le Nigérian Soyinka associe la poésie orale, les rituels traditionnels et la tragédie grecque dans son adaptation des *Bacchantes* d'Euripide ou dans *Death and the King's Horseman* (1976).

Chaque culture, chaque projet s'inscrit donc dans un dispositif de définition conventionnelle plus ou moins assumé. Le point commun repose sur une perception de l'identité et de l'intention *spectaculaires*, sur la coprésence d'un spectateur et d'un acteur quels que soient le « genre » ou la pratique de manifestation.

II
DE L'IDENTITÉ À L'ÉNONCIATION THÉÂTRALE

10 *Le théâtre, art de la présence ?*

Depuis l'après-guerre, la critique française ne cesse d'annoncer la mort du théâtre. L'avènement du théâtre public en France et son subventionnement dans l'immédiat après-guerre furent même interprétés comme la sanction institutionnelle du déclin d'un art condamné à rendre l'âme sous les assauts de la culture industrielle. Celle-ci étant vouée, bien sûr, à des succès reproductibles à grande échelle, abondamment commentés par Walter Benjamin. L'histoire donne parfois tort, cependant, aux inductions abusives. Les difficultés actuelles de l'art cinématographique, victime de la concurrence de nouveaux supports technologiques modifiant les modes de consommation culturelle, témoignent de la fragilité des épistémologies ambiantes. Curieusement, le succès grandissant des arts de la scène et leur renouvellement fulgurant attirent aujourd'hui l'attention sur la spécificité des pratiques spectaculaires.

Le XXe siècle a développé une logique esthétique cohérente, structurée par la pensée analogique conçue comme préalable aux modes d'approche digitale. La culture du spectateur s'en est ressentie. Bien des générations connurent le théâtre ou le cinéma avant de découvrir la télévision, puis la vidéo, et enfin Internet, le cédérom, le DVD, le jeu vidéo. Aujourd'hui, la situation est tout autre : l'intermédialité a rendu contemporains tous les outils qui viennent d'être énumérés. Nous avons perdu l'habitude de recourir à la logique linéaire et non contradictoire. Le Net art, la recherche par sauts et tâtonnements, la censure par excès associée par Eco à l'effet Internet nous accoutument à une information en magma. De plus en plus, la télévision confronte à des flux d'images non commentées, sans sélection critique, immergeant le spectateur dans une hystérie de la pléthore et du direct. La réalité se mue en téléréalité, les mondes *in vitro* et *in vivo* se confondent dans l'illusion du *Loft* ou du télémensonge.

C'est le règne du simulacre, du virtuel, du scanné, du décorporéisé : le monde construit se substitue au monde perçu, sur les écrans, à l'hôpital, à domicile. La présence cède le pas à l'image. La rencontre physique devient *Chat.* Le fragmentaire remplace l'holistique. Le réseau reconstruit le monde voire, – c'est ce que permet le *Bluetooth* – le déconstruit sous la forme de représentations électives qui congédient la chair. La notion de virtualité suscite des brouillages et des peurs, renvoyant à l'apparition du non-humain ou du monstrueux au sein du paradigme de l'humain : le cybermonde de *Forrest Gump* réinvente le passé, l'ordinateur a sa cyberdélinquance ou sa démence informatique. L'ère du virtuel pourrait ouvrir celle de la relation interactive, mais d'aucuns dénoncent la solitude interactive (le sujet se voit d'autant plus isolé qu'il est « branché » dans sa niche). La schizophrénie du citadin, le baladeur sur les oreilles, campé par Lyotard, décrit cet homme, esclave de la prothèse technologique. Une « nouvelle emblématique » issue de la promotion du cyberunivers, ce métissage de l'homme et de la machine, modifie les représentations et l'imaginaire contemporains. Certains arts, comme l'art virtuel ou la cyberdanse, qui déplacent les frontières de la corporéité, ont déjà intégré la virtualité comme un « matériau légitime ».

Parallèlement, contradictoirement, le rituel archaïque ressurgit dans les modes contemporaines : revendiquant – à l'opposé du virtuel ou de l'absent – la présence physique du corps tatoué, percé, scarifié par transgression, voire transformé par la chirurgie ou dévoilé par conformisme. La danse, corps en représentation, connaît des mutations et des réappropriations sans précédent. Si les salles de cinéma se vident, les opéras connaissent des succès inédits. Le cirque retrouve de nouvelles esthétiques de l'exhibition, parfois – c'est le cas du *Cirque du Soleil* – interdites aux enfants. Le théâtre se réinvente au contact d'un heureux mariage entre formes héritées des arts voisins. Les arts de la scène connaissent une nouvelle vigueur et ce dans l'affirmation de leur caractère spectaculaire et *vivant*. Comme si l'identité théâtrale faisait signe, prenait *corps*, dans une société en perte de repères.

11 *Le théâtre, art de la complexité ?*

Le théâtre constitue un art complexe. Unique parce qu'il prend pour matériaux des êtres vivants qui sont et ne sont pas ceux que nous connaissons dans le monde. Et que ces êtres sont à la fois le peintre et la toile du peintre. Seul art à s'inventer dans l'instant, en présence de l'autre, sous des formes quotidiennement renouvelées, le théâtre mobilise des traditions, des répertoires, des genres, des textes, lieux, corps, objets qu'il brasse, traverse et défie sans relâche. *Je voulais dire quelque chose mais quoi ?*, le désarroi paradoxal exprimé par la pièce d'Adamov est particulièrement éclairant. L'histoire de la critique ne cesse de souligner la richesse des formes et des codes et la difficulté à identifier ceux-ci : comment nommer, épeler les langue, culture, émotion, énergie par lesquelles le spectacle s'énonce collectivement ? Une telle relation entre le perçu et le nommé a-t-elle du sens ? On se rappelle par exemple que Peter Brook privilégie un seul code, celui du langage théâtral, qui supplante toutes les relativités culturelles et linguistiques. L'activité théâtrale, selon lui, s'apparente à une conversation engagée dans un train avec des inconnus, sans qu'on prête attention à la signification de ce qui se dit. Seuls importent le contact qui se noue et les rythmes, mouvements, gestes, occupation de l'espace portant le dialogue.

Face à cette espèce de scandale que la représentation théâtrale lui inspire, à la difficulté posée par la multiplicité, la théorie réagit de multiples façons.

La tentation est d'abord celle du lit de Procuste. Il s'agit de réduire l'inconnu au connu, de ne considérer comme objet d'analyse légitime que ce qui relève de données stables, peu ou prou reproductibles ou acquises. On ne s'intéresse qu'à ce qui précède la représentation, le texte à lire, la production d'un jeu considéré comme actualisation, « l'implication simple », pour reprendre Barthes, entre l'avant-spectacle et sa pseudo-réalisation.

Quelques propositions ébranlent les certitudes, réconcilient la science et le discours du praticien. Les objets d'analyse seront alors les catégories empiriques reconnues par l'historiographie : régie, décors, comédiens, salles, mise en jeu, répétitions, etc. Autant dire que l'on continue à accepter les impensés de la tradition.

Le discours pédagogique n'échappe pas à l'envie de se rassurer : que d'ateliers d'écriture, centrés sur la prééminence du texte et sur le présupposé aristotélicien des évolutions ou des conflits, réduisent la création théâtrale à une trame narrative.

Pourtant Heiner Muller rappelle que l'auteur est avant tout *réécrivain*, que le sens procède de la contrainte scénique et du geste écrivant toujours réitéré. Pas question donc de partir d'un thème ou d'une structure de récit. Le sens naît de la rencontre incarnée, fonctionnelle, discursive entre les personnages dans un espace observé. De la même façon, Ariane Mnouchkine ou Antoine Vitez s'en prennent à la répétition à la table et aux « acteurs pingouins » figés dans une mémorisation du texte préalable à la mise en corps. Le théâtre, rappellent-ils, se veut une répétition permanente, un phénomène évolutif, ouvert et vivant de la première à la dernière représentation. L'occupation de l'espace, le rythme, le geste constituent autant de vecteurs autonomes, sources de création.

L'enjeu est donc de saisir des processus, de cerner, dans leur fragilité, l'invention et la genèse à la fois provisoire et collective du sens.

Une démarche respectueuse de la complexité ne peut que prendre en compte l'événement spectaculaire dans sa matérialité. C'est l'ambition d'un certain nombre de disciplines qui s'interrogent sur l'énonciation produite et reçue par la salle et la scène, sur la rencontre entre spectateur et public, entre spectateur et comédien, sur les contraintes culturelles, anthropologiques, émotionnelles du *vivre ensemble* l'événement théâtral.

Pareille approche suppose une interrogation radicale : on se demandera si et comment l'objet « théâtre » existe, s'énonce *in praesentia*, construit son identité ?

12 Le dispositif spectaculaire est-il interculturel ?

Le mot *théâtre* est une création datée et localisée, dont l'usage est souvent anachronique ou abusif. Terme poreux, arbitraire, renvoyant à des manifestations diverses. La question des connotations mérite qu'on s'y arrête.

Au moment où, au cinquième siècle avant notre ère, les Grecs découvrent la démocratie, la philosophie, le pouvoir des citoyens et la tragédie, un seul acteur, le protagoniste, joue tous les rôles. Il porte le masque.

Eschyle fait intervenir un deuxième personnage, le deutéragoniste, et Sophocle introduit un troisième partenaire, le tritagoniste. Tous les rôles sont tenus par des hommes. Les acteurs tirés au sort, sont rendus visibles par des costumes et des chaussures surélevées. Les choreutes (au nombre de douze puis de quinze chez Sophocle) représentent en quelque sorte à la fois le narrateur et le public : ils commentent l'action. Le spectacle est gratuit, obligatoire, à ciel ouvert : il se voit et s'écoute.

Les spectacles indiens, conçus au départ en sanskrit pour les clercs, représentent un univers de délicatesse et de beauté qui réinvente le quotidien.

Les représentations chinoises tiennent à la fois de la danse et du théâtre rituel, du moins jusqu'à l'invasion mongole, époque à laquelle des techniques apparentées à ce que nous appellerions le cirque (acrobaties, combats, contorsions) contaminent la dramaturgie.

Le Japon, dont le spectacle a une origine rituelle (le shintoïsme), hésite rapidement entre deux cultures, classique et de divertissement (le No, empreint de valeurs aristocratiques, et le Kabuki, de consommation populaire). La scénographie et le jeu sont les composants essentiels du spectacle : masque de maquillage épais, costume, jeu symbolique et artificiel, gestuelle lente et rythmée caractérisent la performance.

L'histoire du théâtre européen est truffée de contradictions analogues quant à l'identité, décidément plurielle, du spectacle, à ses constituants et à sa visée.

L'Europe médiévale alterne spectacles de rues (jongleries, festivals), culture des clercs (scènes, tableaux, mansions dans les églises, naissance de la troupe) et divertissement (lorsque les mystères et les miracles sont expulsés sur la place publique).

C'est au XVe siècle que la Renaissance réinvestit et aménage les codes hérités de l'antiquité. La nécessité de trouver des repères stables incite à figer les figures de personnages (Arlequin, Pierrot, Pantalon, Colombine) dans des formes de jeu improvisées et conçues au départ pour la rue (*Commedia dell'arte*). La recherche de supports stables porte aussi sur les lieux : les *corrales* dont Calderon et Cervantès feront usage. The Globe construit par Elisabeth et qui préservera pour un moment (Marlowe, Johnson, Shakespeare) la légitimité de l'activité théâtrale, faisant échapper celle-ci à la censure que Charles Ier remettra en place.

Le XVIIe siècle ne cesse de ruser entre la tentation de conforter les codes et celle de consentir des compromis au monde socio-matériel : Molière se moque des aristocrates mais joue à leur intention, Charles II encourage (par la création du *Duke's Theatre* notamment) la réhabilitation des spectacles. La comédie de mœurs, chère à l'époque de la Restauration qui va suivre, fait florès.

Le XVIIIe siècle et l'époque romantique privilégient l'écriture dramatique : le texte spectaculaire se décline en *bonnes formes* de fictions.

L'idée d'une marque spectaculaire qui ose ébranler ces acquis remonte à l'époque du réalisme (XIXe et surtout XXe siècles) : le milieu détermine la fable (Antoine), l'espace n'est donc plus un lieu fixe mais un composant de la représentation, la scène conquiert son autonomie de système de signes, les rapports avec la société s'intègrent dans le projet ou la vision du monde chez Brecht, Ibsen, Tchékhov, Shaw.

Les États-Unis connaissent des formes de spectacle vivant dont le profil se redessine : comédies chantées (Show Boat, minstrels, vaudeville), drames stéréotypés destinés au divertissement (mélodrame). Parallèlement, l'explosion technologique et les progrès scénographiques stimulent le théâtre réaliste (O'Neil, Miller, T. William).

Le survol cavalier opéré démontre que le spectacle a une identité plurielle et qu'une définition empirique, historique demeure forcément incomplète. Comme production, le théâtre répond à des normes institutionnelles (tolérées ou non par le pouvoir politique), fonctionnelles (il exerce un rôle dans la société et s'adresse à un destinataire), sémiotique (il combine des systèmes de signes multiples et énonce dans l'instant des faits de discours), générique (il s'inscrit dans des catégories esthétiques ou littéraires), évaluative (il est apprécié ou non, commenté, y compris par ceux qui le créent). Comme phénomène reçu, il inscrit dans son discours des destinataires, les implique dans l'énonciation, entre en dialogue avec des partenaires plus ou moins avertis, compétents et légitimes.

13 *Comment le théâtre a-t-il pris conscience de son identité ?*

Le théâtre naît de la relation entre l'espace, le spectateur et le jeu. Roland Barthes repère cette triple contrainte dès la naissance de la tragédie antique : « Le public antique, dont le chœur n'était qu'un prolongement spatial, plongeait lui-même dans l'acte tragique. Il l'imprégnait de son commentaire et recevait chacun de ses à-coups au creux même de son intellection. La tragédie irradiait vers tous les gradins et par un mouvement inverse, la collectivité mêlait sa parole explicatrice, comme un don solennellement humain, au procès de l'argument tragique » (Barthes, 1953 : 22).

Le lieu n'assemble pas deux zones simplement opposées – l'une *d'où l'on voit*, l'autre d*onnée à voir* – mais un espace complexe. La scène est un lieu *où l'on voit et entend*, ceci dès l'origine. La première figure du théâtre grec n'étant pas le héros, mais le témoin incarné par le chœur, l'action est toujours *regardée*. En conséquence, le jeu s'ouvre : le spectateur a sa place sur l'aire de jeu, la salle et la scène ne sont pas deux espaces hétérogènes, il peut y avoir interaction.

Le théâtre relève aussi de la volonté d'instituer, de construire un ordre, notamment spatial, qui intègre la relation entre les partenaires du regard. Lors de l'apparition du dispositif à l'italienne, le moment où l'espace théâtral européen se fige correspond à une refondation baroque des codes antiques : il s'agit de reproduire la place urbaine dans la salle, la salle dans la scène-cage. Le lieu (les loges, les fenêtres, les coins, les recoins, les rideaux, les jalousies sur scène) héberge le regard de l'observateur. La dialectique montré/caché gouverne le jeu de l'acteur et sa relation au spectateur. Par la suite, les variations d'éclairage de la salle (illuminée chez Appia, plongée dans l'obscurité chez Wagner) attestent cette focalisation sur la ruse et la dissimulation du regardeur.

La rhétorique théâtrale de l'Occident procède de ce chassé-croisé qui rythme la définition du jeu (l'Orient demeurant centré exclusivement sur le montré, sur la présentation autotélique du corps, de ses tensions, de son énergie). Le jeu condense dans le lieu l'action, l'exhibition de l'action à l'intention du spectateur, la combinaison des actions destinée à émouvoir, à duper, à surprendre le spectateur. La re-présentation, dialectique originelle entre le corps et le regard, s'apparente donc au processus intentionnel : elle suscite la sélection des matériaux visant à exploiter la relation espace/comédien/spectateur. Relation qui ne va pas tarder à se muer en dialogue : de cadre aux variations infinies, l'espace va devenir acteur chez un Svoboda, voire élément de la représentation. Grotowski note que le premier acte de toute mise en scène est la création de la ligne de crête fluctuante, qui sépare aire de jeu et espace d'observation.

D'autres arts vivants obéissent à une évolution comparable de leurs contraintes :

– les arts de la rue. Deux critères fondateurs caractérisent ceux-ci depuis le Moyen Âge : le choix de l'espace public comme aire de jeu et le fait de s'adresser à un spectateur qui, « passant » au départ, se transforme en membre d'un « public ». L'artiste de rue ne s'adresse pas à une cible déterminée mais, comme le dit Michel Crespin, à une « bande passante » issue de l'espace public. C'est l'acte de l'artiste qui retient cette dernière et qui détermine son appartenance à une communauté « publique » ;

– le cirque, né à l'époque des Lumières, va rapidement se trouver des formes fixes inspirées de la trilogie actantielle du théâtre : une piste unique en Europe ou triple aux États-Unis, un chapiteau, des artistes déclinant des numéros en une partition inlassablement répétée, une communauté de spectateurs ;

– la danse, devenue chorégraphie, se muera en rencontre entre un espace patrimonial voire rituel, un actant fédérateur – le danseur – et des communautés d'affects ;

– de ce point de vue, une réflexion devrait être engagée aussi sur le sport et sur sa réponse à des normes voisines associant au lieu des acteurs en compétition ou en affrontement, sous le regard testimonial du public. Certaines manifestations hybrides comme les matches de la Ligue Nationale d'Improvisation, calqués sur le modèle québécois de la Ligue Nationale de Hockey, se nourrissent de l'espace transitionnel entre le sport et le spectacle vivant.

Espace, jeu, spectateur. L'histoire du théâtre est celle d'un long processus d'appropriations et de socialisation qui accompagne la structuration du lien organique entre ces trois actants. Bernard Dort y insiste à son tour : « Une scène ou un espace quelconque est là devant nous, séparé de nous la plupart du temps. Des comédiens en chair et en os l'occupent. Ils parlent avec les mots d'un autre, mais leurs gestes, leurs corps, pour maquillés qu'ils puissent être, restent les leurs. Et tout se passe au présent. La fiction (l'action représentée) et la réalité (de la représentation) sont étroitement imbriquées. C'est à nous, spectateurs, qu'il revient de sceller leur union ou de marquer leur désaccord. En outre, ce petit univers scénique fait signe au monde, passé ou actuel : il le figure. Mais le doute subsiste. Quand les héros du *Prince travesti*, monté par Vitez, surgissent comme des bêtes traquées, dans le jardin blanc, en pente, construit par Yannis Kokkos (c'est bien un jardin, à preuve l'arbre qui s'y dresse, mais cet arbre est bleu et il porte des fruits d'or) à quel univers renvoient-ils ? [...] Au spectateur d'en décider. Pour que la représentation tienne et ne s'effrite pas, elle a besoin de son soutien » (Dort, 1988 : 163).

L'interaction entre les trois instances espace/jeu/spectateur subit un processus d'intériorisation, d'abord souterrain puis de plus en plus assumé, par la culture dramaturgique. Peu à peu va sourdre une prise de conscience, pointée en particulier à travers la recherche menée par la sémio-pragmatique, en termes de distinguo entre les codes et leur assimilation. La spécificité du théâtre émerge d'un questionnement sur son statut sémiotique et sur son discours. L'énonciation et son appréhension comme spectacle vivant se mettent en place. Quatre étapes essentielles peuvent être pointées.

1 – La réflexion sur la marque spectaculaire et l'artificialité de la convention théâtrale. Elle commence sans doute chez Antoine et procède de la libération du jeu de l'acteur. La distinction posée par Brecht entre théâtre dramatique et théâtre épique est particulièrement éclairante puisqu'elle amène, en même temps qu'une désignation de la *performance,* une interrogation sur la compétence du spectateur. La distanciation, chez Brecht, conduit à

contester l'illusion fictionnelle. La problématique de la perception par la chair au détriment de la vision du sentiment et du jugement chez Artaud, la participation chez Beck ou le théâtre-action de Boal remettent en cause la bonne forme. Les archétypes du théâtre bien fait, qui supposent l'adhésion cathartique à une fiction toute-puissante en genèse dans le texte, sont désormais suspects.

La rupture décisive inscrite par Brecht pose la question du rapport que la décision théâtrale entretient avec le monde socio-matériel. L'inscription dans l'œuvre de la démarche spectatorielle, censée évaluer la perception du monde, se trouve au cœur du projet. L'opposition entre illusion et distance amène le théâtre à s'interroger sur la/l'('ir)représentabilité du réel et sur l'instauration du discours.

2 – L'inscription de plus en plus manifeste dans l'œuvre du regard et la mise en cause du lisible par le visible prolongent cette perspective. Stanislavski, évoquant le travail intérieur du comédien et son réalisme synthétique, insiste sur la question du jeu, de l'attention et de la dialectique entre passion et rhétorique propre au travail sur scène. Toutefois, il ne fait pas de l'intervention du regard ou de la contestation d'une lecture linéaire sa préoccupation centrale. Les *Études* de Meyerhold insistent sur la présence du corps en scène et sur le véritable rôle syntaxique du support gestuel. Loin du sens préétabli et de la narrativité, le vecteur gestuel construit l'image scénique.

La matérialité de la scène chez Artaud et la mise en évidence de l'image comme signe plastique rétablissent l'exigence du regard au cœur de la pratique. La contradiction entre le volume et l'image tabulaire, chez Strehler ou Chéreau, multiplie l'inscription de points de vue multiples et paradoxaux au sein de l'énoncé scénique. Les recherches sur la préexpressivité de l'acteur, menées par Grotowski et Barba, réaffirment cette importance de la matérialité signifiante donnée à voir. Les polémiques ouvertes par le festival d'Avignon en 2005 portent précisément sur la mise en cause du lisible par l'image. Comme l'écrivent Georges Banu et Bruno Tackels : « Derrière les attaques souvent trop affectives de ce qui s'est trouvé (un peu vite) désigné comme une "querelle des anciens et des modernes", une opposition frontale entre textes et images, nous sentons poindre les signes d'une véritable transformation du spectacle vivant, et, partant, des différentes disciplines qu'il côtoie et intègre. On a beaucoup entendu que l'évolution des arts vivants manquait de lisibilité – d'où notre souci de répondre à la confusion guerrière instaurée par des réflexions polémiques pour éclairer et accompagner l'avènement des formes nouvelles » (Banu-Tackels, 2005).

3 – Le refus de la matrice narrative s'exprime aussi dans la mise en évidence du perçu.

Déconstruite pour se structurer en séries fondées sur des courts-circuits référentiels chez Bob Wilson, invention de signes chez Vitez, construction de rythmes émotionnels à travers la post-modernisation des classiques, l'œuvre devient un système complexe. De plus en plus, on assiste à des représentations qui croisent les pratiques du spectacle vivant, tel *VSPRS* de Platel, inspiré par un opéra de Monteverdi, structuré par des mouvements propres aux artistes de cirque (contorsions, acrobaties), mouvements thématisés par les images vidéographiques de patients hystériques montrées aux danseurs invités à construire leur exercice sur l'articulation entre maîtrise et perte de contrôle du corps.

L'objectif est de privilégier l'acte créatif et sa perception. Roméo Castelluci tient à cet égard des propos emblématiques : « Dans ce cas, nous pourrions peut-être les utiliser [les termes produit et spectacle] en inversant l'ordre pour passer de la production du spectacle au spectacle de la production : un spectacle du geste qui crée, le spectacle d'un organisme qui se développe. Pour le spectacle de la production, pour un geste qui transforme la matière de façon imprévisible, il faut se mettre dans une position simple, comme devant un événement naturel auquel notre corps est prêt à réagir. Le geste créateur est devenu, lui aussi, spectacle. L'accent est mis sur le geste plus que sur le produit » (Castelluci, 2005).

4 – La revendication de l'œuvre comme prise de parole événementielle constitue le dernier avatar du processus : la mise en place de la convention, la présence inventive de l'observateur-spectateur deviennent l'objet même du spectacle. Augusto Boal, metteur en scène montreur, propose d'exposer les dîneurs d'un restaurant en une représentation. « Regardez-moi, cela suffit », s'écrie Ben sur la scène du théâtre de Nice. Pareillement, les arts de la rue ne cessent de nous confronter aux réappropriations de la ville dont ils construisent le dispositif en inventant des performances et des frontières imaginaires.

Offrant le défi d'une image à construire, en dépit de nos habitudes visuelles et imaginaires, le spectacle créé se fait métadiscours, réclamant un droit de cité pour le discours critique.

14 *La situation des autres arts vivants est-elle comparable à celle du théâtre ?*

La danse suit une évolution comparable.

1 – Issue du patrimoine ethnique ou rituel, elle va progressivement, au contact de l'écosystème urbain, structurer son parcours et s'épanouir en *styles*. Ceux-ci reproduisent puis transforment en symboles les figures iconiques originales (images destinées à fédérer le groupe, à simuler des rituels, à prendre plaisir). La danse moderne va d'abord importer ces *bonnes formes*, pour les contester ensuite au nom de ruptures par rapport au passé.

2 – La question du regard et du rôle du corps s'inscrit dans ce développement. On sait que Meyerhold a joué un rôle décisif dans la réflexion sur la danse moderne.

L'affirmation du corps et de la vectorisation qu'il induit marque le refus d'une lisibilité de la performance dansée en seuls termes de reconnaissance de rythmes ou d'émotions. L'histoire ethnochoréologique montre qu'en Occident la danse est, du XVe au XIXe siècle, d'abord un instrument de socialisation destiné à cacher le corps, éthéré sous forme de techniques virtuoses. Les métamorphoses du genre lyrique modifieront la réflexion sur le mouvement. Elles serviront, en un premier temps, à associer ce dernier à la fable puis à émanciper peu à peu le spectacle de son rapport à l'illusion, pour souligner la présence de l'écriture dansée. La danse perdra progressivement son statut d'énoncé immédiatement lisible.

3 – Cet épanouissement s'accompagne de la décomposition du corps, des mouvements, de la relation à l'espace. La pluralisation de la danse et de sa légitimation sociale (notamment à travers son ouverture au grand public et la transformation de sa pratique inaugurée par les *taxi dancers* de New York) achèveront d'ériger cet art en faisceau de signes. C'est bien le sens de la danse-théâtre de Pina Bausch qui laisse une place à l'improvisation et à l'instiga-

tion du sens. Les rencontres plus récentes entre hip-hop et danse contemporaine font converger la désarticulation du corps en mouvement, le bouleversement des équilibres, la relation avec le sol et l'espace.

4 – La définition de la performance comme discours, voire comme geste d'intervention critique, trouve son achèvement dans les expériences contemporaines. On assiste depuis les années quatre-vingt-dix à une forme dansée de prise de parole, qui passe par un discours sur le corps : le corps physique et ses humeurs, le corps malade (le handicap chez Mathilde Monnier, le non-voyant chez Bock et Vincenzi, le corps hystérique chez Platel) et qui interroge la fonction de la danse.

Quant au cirque, le processus mis en œuvre se présente comme suit :

1 – Le cirque moderne, issu des *hippospectacles* sur piste ronde à *l'Amphitheatre Riding House* d'Astley en 1768, crée rapidement sa propre structure patrimoniale fondée sur la présence de l'animal, du clown et d'un public stéréotypé. Cette configuration se fige en une forme qui va perdurer de nombreuses années. En 1782, Charles Hughes crée le *Royal Circus and Equestrian Philarmonic Academy*, qui reproduit le même type d'exhibitions. Le programme va progressivement s'étoffer, intégrer la ménagerie et gagner toute l'Europe.

Le dispositif repose sur l'accès au sens immédiat, la lisibilité des émotions (angoisse, rire, étonnement admiratif), l'identification au héros (la mégalomanie infantile) et l'alternance « narrative » des genres.

2 – L'évolution va dans le sens d'une mise en évidence du corps, à travers l'apparition de numéros (les gymnastes, les acrobates, les voltigeurs) nécessitant un savoir-faire et une maîtrise du risque rendus visibles par l'appareil scénographique (filet, filin). Le commentaire (Monsieur Loyal) se charge de souligner cet enjeu. L'appropriation du corps, qui aboutit au recyclage spectaculaire de nombreuses prouesses sportives (le main à main, etc.), introduit une dimension nouvelle : le regard sur l'exploit de l'acteur de la performance.

3 – Le cirque contemporain a totalement ébranlé la structure initiale, pour évoluer dans deux directions opposées qui interrogent le processus d'identification mégalomaniaque au héros et qui

introduisent une parole sur la performance circassienne. Avatars du lieu, du public et des constituants dramatiques font évoluer cet art, soit vers une forme industrielle, mondialisée et technologique (*Le théâtre du Soleil* installé le cas échéant dans des lieux fixes réservés aux adultes et qui propose des spectacles reproductibles dont les acteurs sont interchangeables et remplaçables), soit vers une forme classique et dépouillée d'instruments technologiques (le cirque *Plume*, défenseur de la singularité exceptionnelle de l'artiste et de la magie du jeu).

L'identité spectaculaire intègre progressivement l'observateur dans le système. L'opposition entre instigateur et récepteur du sens perd dès lors de sa pertinence. La production appartient désormais collectivement à l'auteur, au metteur en scène, au comédien et au spectateur. La question de la distinction entre production et réception fait place à un enjeu nouveau : le champ spectaculaire et les contraintes qui pèsent sur l'événement. La décision spectaculaire est véritablement fondatrice et détermine la manière dont l'œuvre s'inscrit dans l'espace culturel.

L'opposition entre création et réception procède d'une théorie unidimensionnelle de la communication, que l'on doit à Jakobson et qui se traduit en termes de relation linéaire et réversible entre émetteur et récepteur. La multipolarité de l'événement spectaculaire oblige à confondre les deux processus : metteur en scène, comédiens, spectateurs s'énoncent ensemble dans un acte collectivement auctorial. À l'instar du peintre maniant le pinceau et s'interrompant un instant dans un mouvement de recul pour observer le chevalet, chaque instance assume plusieurs rôles.

Le processus d'énonciation est réglé. La tradition théâtrale (culture, patrimoine, dramaturgie, critique) intègre des consignes qui régissent *le collectif d'énonciation* (Helbo, 1983 : 81) : un certain nombre de contraintes, définies implicitement notamment par la convention, permettent le fonctionnement de l'énonciation selon la modalité spectaculaire propre aux arts vivants. Ces contraintes peuvent être repérées et identifiées.

15 *La dramaturgie se préoccupe-t-elle de l'énonciation théâtrale ?*

Depuis le XVIIe siècle, la préoccupation des auteurs dramatiques se décline en trois thèmes étroitement liés à la compréhension de ce qu'implique la convention théâtrale :
a. L'artificialité du discours théâtral et la marque de théâtralité.
b. La nature de signe de la performance.
c. L'implication du spectateur dans le collectif d'énonciation.

a. L'artificialité du discours théâtral

La dramaturgie de Hambourg de Lessing analyse le processus d'imitation et définit le jeu de l'acteur comme un travail qui décompose puis reconstruit l'apparence et le comportement humain. Lessing est amené à prendre conscience de la nature *sémiosique* de l'art théâtral : « L'art isole en fait tout ce que notre esprit isole ou désire pouvoir isoler dans la nature, soit qu'il s'agisse d'un seul objet ou d'un assemblage d'objets divers ; il maintient sous notre regard cet objet ou cet assemblage d'objets, en éclairant et en concentrant les objets autant que le veut le sentiment qu'ils doivent produire » (Lessing, 1869 : 225).

Dans son résumé du *Comédien* de Rémond de Sainte-Albine, il affine la considération et évoque la transformation de la fonction *référentielle* en fonction *expressive* ; il distingue l'usage du corps par le comédien sur scène et dans la vie quotidienne.

b. La nature de signe de la performance procède clairement du système d'Engel, décrit dans *Idées sur le geste et l'action théâtrale* (Engel, 1979), qui aborde de manière exceptionnellement moderne une sémiotique du corps et de l'émotion, dont la taxinomie, la combinatoire, la vectorisation et la représentation sont saisies en termes de processus.

c. L'implication du spectateur dans le collectif d'énonciation.

Le Paradoxe sur le comédien, Veltrusky l'observe (Veltrusky dans Helbo, 1986), identifie des phénomènes que la sémiologie moderne a mis du temps à découvrir. Dans les *Entretiens sur le fils naturel* (Diderot, 1959 : 303-305), Diderot insiste, par ailleurs, sur l'importance de la matérialité du signifiant. Veltrusky jette un véritable coup de projecteur sur ces traits élémentaires du signifiant repérés par Diderot : « profil sonore du texte, ligne phonique de la déclamation; comportement corporel, cohérence de l'assemblage » (Veltrusky dans Helbo, 1986 : 14). Il évoque la fonction conative et pointe le fait que l'image du spectateur est partie intégrante du signifié produit par la figure et l'action scéniques : « Le parterre de la comédie est le seul endroit où les larmes de l'homme vertueux et du méchant soient confondues » (Diderot, 1859 : 311).

Ces découvertes trouveront dans l'histoire de la dramaturgie un écho plutôt psychologique (le dédoublement chez Stanislavski ou Jouvet). Les implications en matière d'analyse de l'énonciation théâtrale sont toutefois restées lettre morte de nombreuses années. Ce sont les travaux du Cercle de Prague (Honzl, Bogatyrev, Veltrusky), et plus tard Jakobson et Kowzan, qui se sont intéressés à la théorie du signe théâtral et à son insertion dans une sémiotique de la culture. Honzl, en particulier, puis Veltrusky attirent l'attention sur le caractère prémonitoire des pistes ouvertes par Diderot. Celles-ci font émerger la nature du travail scénique, sa relation avec la vie quotidienne et soulignent le caractère particulier de l'événement spectaculaire, spécialement par le statut réservé au spectateur. Apparaissent chez Tadeusz Kowzan (Kowzan, 1970) les linéaments d'une approche présémiologique de la construction du faire-semblant.

On peut dégager trois concepts essentiels de l'héritage décrit ci-dessus :

a. Signe naturel, signe artificiel, signe intentionnel, signe conventionnel.

L'intuition de Lessing fait émerger la distinction entre signe naturel (indice) et signe artificiel (supposant une volition). Tadeusz Kowzan (Kowzan, 1992) insiste sur ce distinguo. Il rappelle que les deux types de signes interagissent dans tout spectacle : la chorégraphie de *Mudra* à Venise intègre (dote de signification) les douze coups de minuit, signes naturels, sonnés place Saint-Marc.

Le théâtre est un art pour lequel la présomption d'intentionnalité est des plus fortes; la scénographie est construite, le travail du metteur en scène est un choix : « La matière dramatique a subi un processus de sélection du fait d'abord de la composition du texte, ensuite de l'élaboration de la mise en scène » (Pavis, 1996). Le travail du spectateur est un choix en dialogue avec les suggestions de la scène, les focalisations. Dès lors, se pose la question de savoir comment cette artificialité du signe concourt à définir un système d'énonciation et d'adhésion propres au théâtre. Comment le spectateur décèle-t-il le pacte d'intentionnalité ?

b. La performance comme système sémiologique.

Pareille interrogation en entraîne une autre, pressentie par Lessing : comment la matérialité de la représentation rend-elle visible le processus qui vient d'être décrit ? En quoi les ordres sensoriels participent-ils à la formation du discours ? C'est bien le geste par lequel instances scéniques et spectateur s'énoncent collectivement qui est au centre du débat. Comme l'écrit François Jost (Jost, 2002, a6) : « Partant de cette vérité incontournable que le spectateur est cloué sur place, le metteur en scène de théâtre ne peut agir que sur la direction de son regard par la création de ruptures : éclairage brutal, déplacement d'acteur, apparition, etc. En l'absence de ces procédés d'*ostension*, il ne peut empêcher le spectateur de scanner, d'aller chercher tel ou tel détail sur le plateau, grossir le visage d'un comédien grâce à ses jumelles, etc. » Le spectateur produit un énoncé spectaculaire au même titre que les instances scéniques : le dialogue créatif nourrit l'événement de la signification.

c. Le collectif d'énonciation concerne précisément ce dispositif par lequel les partenaires s'énoncent ensemble dans le cadre du faire spectaculaire. Un tel processus suppose une réflexion sur la relation entre communication et spectacle.

Selon le modèle jakobsonien/bühlerien de la communication, l'accent est porté sur la liaison entre un émetteur et un récepteur mis en rapport par les code, canal, contexte, contact. Il a été démontré à plusieurs reprises qu'une telle conception était inadéquate à la description de l'activité théâtrale, sous peine de considérer celle-ci comme la transmission linéaire et réversible d'un message communiqué par l'auteur à un public, les comédiens et metteurs en scène étant considérés comme le relais de l'émetteur-auteur :

destinateur → T → destinataire

La communication serait vectorisée et supposerait un départ radical entre l'émetteur (producteur de texture spectaculaire T) et le récepteur.

Ce double présupposé, importé des modèles linguistiques, fait problème pour les raisons suivantes.

– La vectorisation linéaire est pertinente pour les langues naturelles : le locuteur produit un énoncé (T), s'adresse à son partenaire dans une langue déterminée, lui signifie son intention, laquelle est perçue et appelle une réponse par le même canal. Une telle approche directionnelle n'est pas transposable au théâtre : quel est le locuteur (l'auteur, le metteur en scène, le comédien, le spectateur) ? Comment identifier le canal : la langue, la scénographie, le jeu, les gestes, les applaudissements, les rires ou les pleurs ne sont pas transmis mais émis et chacun n'utilise pas la même « langue » ?
– La distribution des pôles énonciatifs n'est pas comparable à une distribution linguistique qui opposerait le locuteur à son allocutaire : chaque instance assume plusieurs rôles. Patrice Chéreau, préparant *Hamlet* pour le festival d'Avignon en 1988, insistait sur son ambivalence de créateur spectateur : « Je comprends des bouts de scène, je découvre brusquement un sens. Et tout est remis en question à la scène suivante [...] Je sais que je ne découvrirai réellement la signification de mon travail qu'à l'issue de la première représentation » (Chéreau, 1988 : 15).

Il importe donc de s'interroger sur la pertinence d'un modèle énonciatif reflétant les rôles et instances spécifiques mobilisés par le contrat spectaculaire.

Tout spectacle implique une multiplicité de pôles, de partenariats, de contextes. Plutôt que la filiation linéaire, c'est le modèle du polysystème qui s'impose, ou mieux encore celui d'une convention labile et qui n'exclut pas la production de *texte spectaculaire* par le spectateur (production dont il convient de définir les normes et le cadre, tâche assignée à la question 16).

En 1969, le Théâtre de Poche monte *Ils passèrent des menottes aux fleurs* d'Arrabal, pièce autobiographique de *Panique* qui mêle des résurgences sadiennes et artaudiennes pour évoquer le thème de l'emprisonnement et du franquisme. La mise en scène prévoit un dispositif par lequel les comédiens nus descendent dans la salle et font mine de fouetter les spectateurs. Ironie du sort, à l'entrée de la salle, la police, avertie par la mairie, se tient prête à enregistrer les plaintes éventuelles et contrôle l'identité des spectateurs pour interdire l'accès de la salle aux mineurs.

Le statut du spectateur est en l'occurrence déterminant. L'interprétation du geste permet au spectateur de créer son propre texte spectaculaire. Plusieurs cas de figure peuvent être envisagés :

a. Le contrat spectaculaire suppose la présence silencieuse de l'observateur : le mutisme consentant du spectateur justifie le mouvement du comédien, signale que chacun assume son rôle dans les limites du faire-semblant.

b. Ce contrat peut éventuellement être délégué : certaines représentations (notamment celle de Prague à laquelle assiste Kundera) installent des comédiens dans la salle et on ne fustige que ceux-ci.

c. Le contrat peut être syncrétique : si l'agression est exposée sur le plateau, le spectateur sera invité à déléguer aux personnages incarnés par les comédiens son statut d'observateur à la présence silencieuse; le comédien combine deux fonctions (personnage et observateur).

d. Le spectateur peut se méprendre et décider de riposter, d'en venir aux mains et d'intervenir. Dans ce cas, il transgresse le pacte spectaculaire et transforme le spectacle en événement, au risque d'embrayer dans l'énoncé les cerbères de faction à la sortie…

La manière dont est perçue et partagée la convention théâtrale induit le partage entre l'événement et le spectacle. Le pacte, supposant que chacun fonctionne dans le champ de la simulation, concerne la nature même de l'énonciation théâtrale. Le basculement vers le monde naturel, la rupture, possibles dans l'exemple qui vient d'être cité, avérés lors de représentations emblématiques dans l'histoire (la bataille d'*Hernani*, la révolution des Vêpres siciliennes et autres faits historiques issus d'une représentation spectaculaire) attestent la fragilité du contrat et sa spécificité.

16 *Le processus énonciatif au théâtre. Quels en sont les mécanismes fondamentaux ?*

L'énonciation théâtrale a pour caractéristique d'être à la fois dédoublée et clivée : il y a production de deux textes spectaculaires. L'acteur sur scène, le spectateur installé dans son fauteuil inventent du sens et s'inventent ensemble. Dans ce discours à la marge, chacun est le grand résonateur de l'autre. Un nombre indéterminé d'instances, rassemblées dans un polysystème, assument à la fois les rôles d'émission et de réception du message. La rencontre n'est possible que parce qu'elle a lieu en présence du regard, de l'écoute de l'observateur quel qu'il soit : présence non intervenante (si l'observateur sort de son rôle, il interrompt le faire-semblant) qui permet au spectacle de suivre son cours dans les limites définies consensuellement. L'énonciation du message est elle-même spécifique de la situation spectaculaire, des conditions d'observation.

La formalisation schématique de la situation énonciative au théâtre se présente de la façon suivante :

destinateur → T *vs* T' ← destinataire
observateur
⟷

On part du principe selon lequel les instances de la scène et de la salle (scène et public) produisent/reçoivent simultanément *in praesentia* chacune leurs textes spectaculaires (T et T') respectifs. La fonction d'observation contextualise le processus. Sans le regard de l'autre, dans la salle vide, le spectacle vivant n'a pas de raison d'être. L'homogénéisation du discours (le fait que T et T' puissent se rencontrer) procède du contexte énonciatif (principalement des contraintes de l'observation et des codes généraux et spécifiques qui les actualisent). La tâche essentielle pour l'analyse est de déterminer les conditions qui permettent au discours de fonctionner de manière spectaculaire et d'homogénéiser les activités de production et de réception. Quelles sont les contraintes, intériorisées par la culture, pesant sur l'observation ? Comment les codes intériorisés ou explicités par la dramaturgie rendent-ils homologues les productions de la scène et de la salle, voire plus largement du destinateur et du destinataire ? La baignoire, placée au centre du plateau dans *Marat-Sade* de Peter Weiss par Peter Brook, répond à des intentions de mise en scène et provoque des lectures diverses : elle incarne à la fois un catalyseur imaginaire, dramaturgique et scénographique où se précipitent la référence historique à l'assassinat de Marat, le liquide amniotique et l'interprétation régressive chère à la critique psychanalytique, un moment fictionnel, une présence matérielle de l'objet, etc. Dans quelles conditions (attention, focalisation, traditions de jeu, habitudes de répertoire, etc.), ces fonctionnements significatifs peuvent-ils se rencontrer, se hiérarchiser, se fracturer autour de déterminations contractuelles ?

Quels sont les paramètres qui permettent d'assigner à T et à T' une référence commune, hors la première qui est celle d'être produits engagés dans un processus d'observation ?

Ces postures énonciatives supposent la mise en œuvre d'un processus de *seuillage* que l'on peut décomposer comme suit :

a. définition du *seuil* : la *convention* est mise en place et ses présupposés réaffirmés; les signaux me rappellent que je suis à Avignon, à l'Opéra ou dans une Cartoucherie transformée en théâtre; je suis invité à vivre/co-inventer un événement éphémère, non répétable, spécifique;

b. transformation de la convention en *contrat* spectaculaire : les instances sont définies ainsi que leur relation; la présence de l'observateur et des instances scéniques est affirmée par des codes ou des déclarations explicites qui rappellent que nous sommes au théâtre; la surmodalisation spectaculaire (l'accord sur l'adhésion au *comme si, au faire-semblant*) s'opère de façon contemporaine et simultanée dans le moment de la production et de la réception; les stratégies mises en place permettent à tous de s'accorder sur le fait que la soprano poignardée continue à chanter ou que dans la pièce de Kroetz, *Travail à domicile*, le corps de femme allongé représente à la fois un corps de femme et une table de banquet;

c. articulation de ce contrat sur un régime de *croyance* spécifique : la dénégation et/ou l'identification au spectacle sur un autre mode d'adhésion permettent à l'observateur et à l'acteur d'assumer leur rôle;

d. renvoi de ce régime à des *savoirs* préalables propres aux énoncés théâtraux : la société, l'histoire de la régie et de la dramaturgie ont développé des codes connus (parfois greffés sur une connaissance générale du monde) et dont la mobilisation permet d'assigner un sens à ce qui est représenté. Les codes sont de deux types au théâtre : les répertoires de significations générales figées par l'histoire (le genre de la pièce par exemple) et les règles de transformation spécifiques nécessaires à une représentation : par exemple certains codes de l'image, certaines figures de jeu, de personnages (Scapin, Arlequin, etc.).

17 *Un exemple topique : comment Dario Fo met-il en œuvre le processus énonciatif dans* Le Médecin volant ?

En d'autres termes, les notions-clés peuvent être définies comme suit :

- *le seuil* : définition des phases de construction des cadres sensoriels, affectifs, sémiosiques, cognitifs mis en place au moment de la production spectaculaire par les partenaires de l'énonciation ;
- *la relation entre les instances* du discours permet de transformer la convention spectaculaire en *contrat* définissant les relations entre partenaires ;
- *la croyance/le savoir* : constitution d'un horizon d'attente, d'une adhésion comme dénégation ou identification et reposant sur un savoir qui se réfère à des connaissances du monde et à des connaissances théâtrales (concernant les codes et techniques généraux ou spécifiques).

En 1990, Dario Fo monte *Le Médecin volant* de Molière à la Comédie-Française. L'expérience est annoncée par la presse comme la rencontre entre Molière et une mise en scène à l'italienne. Dario Fo définit en ces termes la commedia dell'arte : « À propos de la commedia dell'arte, je voudrais préciser d'où vient l'effet spectaculaire et l'originalité de ce théâtre. Cela ne tient pas, comme on le croit souvent, à l'emploi du masque et à la classification des personnages en types fixes, mais à une conception révolutionnaire de la pratique théâtrale et du rôle singulier des acteurs. Je trouve juste d'appeler ce genre, comme font certains historiens, non pas *commedia dell'arte*, mais « comédie des acteurs » ou « des histrions ». C'est sur eux que repose toute la machine théâtrale. L'acteur-histrion est auteur, producteur, narrateur, metteur en scène ; il passe indifféremment du premier rôle à celui de faire-valoir (*spalla*), à l'improviste, prenant sans cesse à contre-pied non seulement le public, mais ses camarades sur la scène. Cette façon de procéder devait souvent entraîner des relâchements, des lenteurs, des accumulations de gags se détruisant les uns les autres. On tournait à vide, le spectacle devenait lourd et le rire une fin en soi. Tout dépendait de la rigueur que le *capocomico* savait imposer à la troupe… mais surtout du talent de chacun et de la connivence qui s'établissait à chaque fois entre les comédiens et le public » (Fo, 1990).

Dario Fo et la troupe de résidents du Français proposent un projet, un texte spectaculaire, qui prend en compte plusieurs paramètres :
– l'exploitation d'un lieu connoté, la Comédie-Française et sa convergence avec le répertoire visé, la troupe mise à sa disposition;
– le choix d'une farce de la période provinciale de Molière (1655), portant sur le monde médical et annonçant *Le Médecin malgré lui*, postérieur d'une dizaine d'années (1666);
– l'association d'un grand texte à un traitement particulier de l'image scénique : le metteur en scène recourt à des procédés scénographiques rappelant la pantomime, le cirque, la foire, Guignol et les stéréotypes de la *commedia dell'arte* : échassiers, cracheurs de feu, pitreries de clown, acrobaties, chien déguisé en mouton, clystère de foire, Pierrot;
– des déclarations paratextuelles et un film tourné par la télévision (diffusé sur Arte en 1994; le vidéogramme est disponible) qui explicitent le projet de Fo : partir d'une approche picturale (étayée par des croquis et esquisses de Dario Fo sur la posture des acteurs et leur rapport à l'espace) et interculturelle de la scène.

Le spectateur du *Français* produit un texte qui met en jeu l'articulation entre références et mondes possibles :
– s'il situe la pièce de Molière dans son contexte, il interprète la comédie comme dénonciation du pouvoir (des avocats, des médecins, des bourgeois). Le décalage moliéresque, le contraste entre la représentation historique des clercs et l'humour, est-il restitué aujourd'hui et de quelle façon ?
– il peut effectivement comparer la mise en scène du décalage à d'autres représentations, dont celle, à l'affiche à la même époque, et dont le rôle principal était tenu par Francis Perrin, comédien prenant le parti de camper une farce sans arrière-pensée;
– il peut intégrer dans son encyclopédie la connaissance de l'œuvre de Dario Fo, de son aura et, en particulier, de sa prédilection pour la *commedia dell'arte*;
– il ne manquera pas de s'interroger sur le statut du médecin dans la société d'aujourd'hui et éventuellement sur l'archéologie théâtrale de cette problématique (*Knock ou le Triomphe de la médecine* de Jules Romain, par exemple, ou *Le Médecin malgré lui*).

De quelle façon la construction du contrat va-t-elle :
– susciter la mise en place de convention et la transformer en contrat ?
– définir le statut de l'observateur ?
– activer un mode de lecture appuyé sur des croyances et un savoir spécifique ?

Le poids de l'image scénique s'impose et attire l'attention du spectateur sur le caractère tabulaire de la mise en scène. D'emblée l'espace est occupé, traversé dans toute son axialité : de haut en bas et de bas en haut (le praticable à deux étages, les échelles et échasses, le jet d'un mannequin qui retombe, le fagotier assis sur la branche de l'arbre qu'il scie), latéralement (les acrobaties aériennes, le trapèze, le panier suspendu dans lequel le valet se balance dès l'ouverture de la pièce). Le mouvement prend une signification prégnante : ralenti (la substitution d'un mannequin à une jeune fille et le pas de danse) ou accéléré (la traversée de l'espace scénique par les comparses, les pas de danse, la chorégraphie finale, parapluie à la main, et qui assure un *truffage* de comédie musicale moderne), ponctué d'une scansion musicale qui souligne et module le rythme.

L'occupation de l'espace est aussi le fait du jeu et du costume. La catégorie de l'ampleur fait signe : le médecin porte une tunique à traîne qui couvre tout le territoire scénique, son autorité se traduit par un pouvoir visible, l'appropriation du lieu. À l'inverse, les victimes de la supercherie portent des justaucorps et demeurent confinés dans un recoin de la scène, le cracheur de feu, qui gruge son entourage, projette sa flamme à travers tout l'espace scénique.

L'énergie de la gestuelle s'inscrit dans la même perspective : les moments de maîtrise et de perte de contrôle alternent en une opposition connotée et visualisée par des objets. En écho, la dynamique verbale prend des allures de voltige (staccato de répliques proférées par le faux médecin) contrastant avec les phrases courtes et répétitives du père de la jeune fille.

La stratégie consiste donc à attirer l'attention sur l'image et, par conséquent :
– elle sert à mettre en évidence le fait que l'observateur est au théâtre et que la scénographie porte le sens, les références à la *commedia dell'arte* confortant ce système référentiel ;
– le statut du spectateur est actif : il prend conscience de la performance et ne se laisse pas impliquer par la seule fiction annoncée ;

– la dénégation est donc le régime de croyance privilégié : il s'agit de travailler sur la scénographie, les corps et les objets du monde, dont la théâtralité ne cesse d'être exhibée.

Dario Fo érige d'ailleurs la dénonciation du procédé caché dans l'image en objet du spectacle : le thème du caché/montré, de la division, du mensonge, de la duplicité est constamment porté en scène ; l'éprouvette d'urine analysée par le faux médecin contient du vin mais ce sont bien des humeurs naturelles que le vrai médecin est invité à goûter, le personnage de la jeune fille est campé tantôt par une comédienne tantôt par un mannequin, le médecin qui refuse d'être défrayé pour sa consultation exhibe le stratagème qui lui permet de récupérer une bourse, etc.

Cette dénégation repose sur un savoir qui consiste à inventer un système de sens ne fonctionnant qu'au théâtre et qui, en l'espèce, construit des codes spécifiques de la représentation. Rappelons que l'on peut distinguer, selon Hjelmslev, trois types de systèmes de relation (codes) entre pratiques de manifestation :
– sémiotique, fondé sur l'articulation arbitraire de l'expression et du contenu, les deux plans étant totalement non conformes. C'est le cas des langues naturelles, indo-européennes par exemple, dont les plans d'expression et de contenu doivent être étudiés séparément (l'expression de l'idée dans telle langue n'est corrélée à l'idée qu'arbitrairement) ;
– symbolique, fondé sur une homologie terme à terme des éléments de contenu et d'expression ; cette conformité totale concerne surtout les langages formels (code de la route : le vert autorise, le rouge interdit) ;
– semi-symbolique : couplage de deux termes de l'expression avec un terme de contenu ; le geste vertical de la tête et le geste horizontal de la tête sont associés par rapport à l'opinion ; l'énoncé peut être syncrétique, regrouper du verbal et du non verbal (parole, geste, image). La catégorie du semi-symbolique permet de cerner le processus par lequel est construite l'homologie globale des plans d'expression et de contenu ; surtout elle aide à déterminer la manière dont celle-ci est rendue visible et à repérer l'intentionnalité à laquelle elle répond. Sera ainsi explorée la question de la transformation des ressources de la matérialité scénique en savoir requis par la mise en place du contrat.

Dans *Le Médecin volant,* comme nous l'avons indiqué, le couplage s'opère entre l'occupation de la surface du plateau (centre *vs* périphérie) et le rythme du mouvement (l'ample et l'étriqué, le rapide et le lent) : la catégorie sémantique à laquelle est associée cette opposition visuelle peut être réduite au contraste entre le plein et le vide. Le même couplage organise la structure du contenu qui confronte des personnages qui occupent le pouvoir (médical, politique, familial) et ceux qui refusent celui-ci.

Le système de base se présente comme suit :

expression	plein	*vs*	vide
contenu	pouvoir	*vs*	non-pouvoir

En l'occurrence, ce système est syncrétique : il associe plusieurs catégories d'expression spatiale et gestuelle à une catégorie sémantique ; le plein et le vide sont exprimés par des catégories visuelles/plastiques : occupation de l'espace, couverture du terrain par le déplacement, ampleur du vêtement. L'image est transformée en énoncé semi-symbolique : l'opposition espace plein/espace vide renvoie à l'opposition conceptuelle pouvoir/non pouvoir.

Ce fonctionnement à partir de codes spécifiques de la représentation est surtout scénographique chez Dario Fo ; il peut, dans d'autres cas, concerner, *mutatis mutandis*, le système verbal. Par exemple lorsque Fo reprend à la *commedia* la technique des *grommelots*, « jeu d'onomatopées où il n'entre que dix pour cent de mots véritables, le reste étant fait de bredouillements qui semblent privés de sens mais qui arrivent à faire comprendre les situations ». À l'intérieur de la catégorie d'expression, il s'agit donc d'inventer des liens en rapport avec une catégorie de contenu (Fo, 1990). De cette façon, on pourrait prétendre d'ailleurs que toute représentation ouvre des codes nouveaux et que le spectateur assume l'actualisation contractuelle du code.

Comme le rappelle Isabelle Moindrot à propos de l'opéra : « Dans les processus de perception, puis de filtrage, une coopération s'est donc fait jour entre le spectateur et l'œuvre [...], il apparaît que cette coopération sera d'autant plus urgente à l'opéra, où la constellation de discours engendre une combinatoire de trajets coopératifs » (Moindrot, 1993 : 21).

18 *Quels sont les codes spécifiques convoqués par la convention ?*

La rencontre entre destinateur et destinataire procède de la mise en place du seuil et des partenaires de l'énonciation. Les objectifs sont les suivants :

a. *Renforcer le présupposé de présence partagée* (« je suis au théâtre ») qui permet le fonctionnement du discours sur le mode du faire-semblant.

Dès qu'il s'engage à entrer au théâtre, le spectateur adhère au pacte et mobilise une connivence, un système d'attente, des stratégies qui modifient son rapport au monde. L'énorme cube noir qui occupe/encombre l'espace de la salle (les Halles de Schaerbeek) accueillant *Raining Dogs*, chorégraphie de Michèle Anne De Mey, ne suscite pas la perception authentique : l'objet, au centre d'un espace scénographique modelé, inspire un parcours, une rencontre haptique, visuelle, proxémique qui questionne le spectateur parce que celui-ci se trouve au théâtre et est disposé à reconstruire/iconiciser le sens du matériau.

L'anthropologie analyse ce passage en termes d'identité : le changement d'identité, de repère sexué en Extrême-Orient, l'appartenance au groupe concerne d'abord le comédien et est exhibé ou dissimulé selon que les traditions intègrent dans la représentation le travail des maquilleurs et des costumiers. Mais c'est aussi l'affaire du spectateur appelé à un parcours (vestiaire, espaces de soutien, déambulation) et à des mécanismes d'insertion dans une expérience « tribalisée », comme l'écrit Maffesoli (Maffesoli, 2000).

Selon la tradition et l'époque, des procédures de ritualisation sémiotique peuvent accentuer la séparation et la transition entre un monde énoncé sur le mode authentifiant et l'univers spectaculaire. Les sonneries, les trois coups, le rideau, le contraste obscurité/luminosité, l'annoncier, les ouvreuses, le frayage temporel (l'horloge rédupliquée à l'extérieur et à l'intérieur des *Bouffes du Nord*) actualisent ce débrayage qui évacue les lois du réel ou plutôt qui les suspend, car si le théâtre exclut le monde naturel il ne cesse de le réintroduire. L'entracte s'inscrit dans la rupture du pacte spectaculaire mais cette interruption ne prend sens que parce qu'elle est suspension (et non fracture) d'une entente qui reprend après la pause. Quelle que soit l'activité d'*intermezzo*, elle se définit à la fois comme une respiration par rapport au spectacle qui précède et comme une promesse de reprise. Le retour au monde naturel qu'inaugure l'entracte demeure donc régi par le mode du faire-semblant : c'est un pseudo-retour déterminé par une énonciation globale qui est celle du spectacle.

Il n'en fut d'ailleurs pas toujours ainsi : la contremarque permettait jadis au spectateur d'acheter un billet de première partie et de choisir de quitter la salle ou d'y prolonger son séjour.

Soulignons, au passage, que l'enjeu n'échappe pas aux dramaturges : on trouve des jeux d'entracte ou des jeux sur l'entracte qui soulignent le rôle de la pause dans la structure conventionnelle. Au cours de l'entracte de *Marat-Sade* de Peter Weiss, les comédiens jouent dans les aires de soutien et perturbent l'articulation entre temps de la fiction et temps réel. Le spectacle à sketches *Vingt minutes d'entracte* de Philippe Van Kessel propose de faux entractes et bouscule le spectateur, tourne ses repères en dérision. Le rôle explicatif du programme, des outils de communication paratextuels, peut fonctionner dans une perspective analogue.

La présence de l'observateur, présence actantielle, éventuellement rappelée sur scène par des actants syncrétiques (la représentation sur scène du processus d'observation), est un facteur déterminant de ce faire-semblant spécifique. Ainsi, par exemple, l'installation sur scène d'un témoin latéral suffit à modifier l'action scénique ; *Iphigénie à Aulis* (mise en scène d'Ariane Mnouchkine, décor de Guy-Claude François, Théâtre du Soleil, 1990) donne sa place spécifique au chœur en séparant en deux zones bien distinctes l'action et le regard sur l'action.

b. *Permettre la transformation du présupposé conventionnel en contrat spectaculaire :*

b1. *La croyance* est le régime d'adhésion spectatorielle que la représentation mobilise ou désactive. Robert Wilson monte à New York son spectacle *Stalin*, spectacle d'une nuit qui ne peut être suivi que par un spectateur « sélectivement inattentif », pour reprendre la formule de Schechner. Le spectateur est amené à choisir les moments sur lesquels il décide de se concentrer, ce qui ne l'empêche pas de multiplier à sa guise et pendant le spectacle les activités d'entracte : il converse, se restaure, quitte la salle pour rejoindre l'aire de détente, regagne son siège sans perdre un seul instant la conscience de l'intentionnalité globale spectaculaire. Il se comporte en spectateur de No japonais. En quoi consiste cette stratégie d'attention mise à mal par Wilson ? Au théâtre, émotion, plaisir et raison font adhérer sur un mode primaire ou secondaire à la performance et à la fiction. L'activité de réception peut être proprioceptive : accompagner par le corps les mouvements portés à la scène ; elle peut relever d'opérations de l'inconscient, du désir, de l'émotion, de la cognition. Elle peut porter sur la matérialité des corps, voix et objets ou s'appuyer sur la fiction spectaculaire. Toutes formes d'adhésion sur le mode conjoint de la dénégation (je sais bien mais quand même) et de l'illusion propres au théâtre. Elle s'inscrit enfin dans une structure spatio-temporelle.

Observation et dénégation ont partie liée : le fait fondateur de la représentation, c'est le consensus par lequel le public désigne comme objet observé tout ce qui relève de l'univers scénique. En sanctionnant à la fois la réalité de la figuration scénique et la non-vérité de la fiction (la *feintise*, selon Jost), le spectateur conforte le contrat spectaculaire qui marque la présence de l'observateur silencieux et non intervenant.

L'appel au régime de croyance s'opère par une série de moyens dramaturgiques, scénographiques, particuliers au théâtre, qui guident l'attention et la participation : vers un genre, un rythme, un temps, un espace, et ce par un réseau indiciel, iconique ou symbolique.

L'activité théâtrale fait de la construction du sens un processus qui constitue son objet. Le spectateur se voit invité à associer des systèmes d'expression en un sens à la fois différent et proche de celui du monde.

b2. *Le savoir* relie le mode d'adhésion à l'intégration dans la référence aux lois du monde.

Par la dénégation, Anne Ubersfeld le rappelle, le réel actualisé sur scène est dépossédé de sa valeur de vérité. Il n'y a pas pour cela déni de réalité : l'enjeu ne concerne pas tant la relation au réel de ce qui est montré et reçu, mais désigne la nature de ce réel. La dénégation ne nous dit pas : ce que nous observons n'est pas là. Elle nous renseigne, au contraire, sur la validité de ce qui est présenté à notre regard, nous confirme que le monde figuré n'est pas du domaine de l'efficace authentique. En ce sens, elle s'affirme expédient de la convention. Parce que nous sommes au théâtre, nous sommes invités à démonter l'effet théâtral. Comme le rappelle Octave Mannoni en évoquant le retour du refoulé sous sa forme niée, « il faut que ce ne soit pas vrai, que nous sachions que ce n'est pas vrai, afin que les images de l'inconscient soient vraiment libres » (Mannoni, 1969 : 166).

Lorsque Richard Schechner monte *Le Balcon* de Genet au Performing Garage à New York (1979), il choisit d'inverser les sexes dans la distribution pour arriver à une identité de théâtre plurielle. Il place le spectateur dans cette situation paradoxale qui fait émerger le sens théâtral simultanément du fonctionnement et de la contestation des lois du quotidien.

La croyance est donc adossée à un savoir sur le monde ou sur le théâtre qui lui permet d'adhérer à la représentation sur un mode précis.

19 *Comment les dispositifs de* seuillage *engagent-ils l'entrée dans la convention ?*

L'entrée au théâtre commence par l'adoption du lieu. Quand Peter Stein préfère aux théâtres de Berlin un hall d'exposition pour monter les tragédies grecques, lorsque Peter Zadek délaisse le théâtre municipal de Bochum pour monter *Hamlet* dans un hangar, ces metteurs en scène choisissent (et imposent) des espaces transgressifs. Ils optent de façon globale pour un autre espace, une autre théâtralité, voire pour un métadiscours sur le spectaculaire et le culturel dans la ville.

Le parcours du spectateur constitue la première étape du pacte. Il participe à une entreprise de détour du lieu, de réinvention du sens. Suit la mise en œuvre des dispositifs de transition, le franchissement du seuil : on s'acquitte ou non d'un droit d'entrée pour accéder au théâtre, à la foire, au parc d'attractions. Cette manière de frayer le passage institue un mode de croyance. L'utilisateur devient le repère référentiel du processus spectaculaire, le spectateur accepte le rituel du passage, construit le changement d'identité qui ouvre le champ de la dénégation.

Umberto Eco rapproche pertinemment ce spectateur-payeur de l'usager dans les parcs d'attractions américains : (Disneyland) « ne vend que des reproductions authentiques [...], ce qui est falsifié c'est notre envie d'acheter que nous prenons pour vraie » (Eco, 1985 : 46) ; « une fois que le tout faux est admis, il faut qu'il soit pris pour vrai : le restaurant polynésien aura donc, outre un menu assez vraisemblable, des serveuses tahitiennes en costume, [...] plus rien ne doit nous laisser supposer qu'à l'extérieur il existe autre chose que la Polynésie » (*ibidem*).

L'enjeu du dispositif conventionnel est pris en charge par les rituels accompagnant l'entrée dans la salle. Peter Handke énumère les étapes dans les didascalies d'*Outrage au public* : « En entrant dans la salle, les spectateurs trouveront l'ambiance habituelle qui précède le début d'un spectacle. En coulisse, on pourrait simuler un remue-ménage ou un trafic bruyant qui serait entendu de la salle [...]. Il ne faut pas oublier la sonnerie prolongée qui annonce le début du spectacle. Il la faudra intermittente, à espaces de plus en plus rapprochés. La lumière devrait s'éteindre progressivement et aussi tardivement que possible. Il serait à conseiller d'éteindre graduellement. Les gestes des ouvreuses qui fermeront les portes seront empreints d'une gravité toute spéciale. Il ne faut cependant pas que ce soit interprété comme un geste symbolique » (Handke, 1968 : 10).

La mise en place des présupposés nécessaires au fonctionnement du contrat s'engage : affirmation du contexte spectaculaire, positionnement des instances, définition de la croyance, ancrage dans le savoir.

Boxe, pièce de Jean-Marie Piemme, montée au Théâtre National de Bruxelles en 2006, s'ouvre sur un parcours contraint. Le spectateur est d'abord pesé et conduit à sa place, en fonction du résultat de l'opération. Les comédiens circulent au milieu des premiers spectateurs assis et leur citent quelques répliques évoquant des combats. Dans cette espèce de brouhaha qui rappelle celui des salles de sport, et tandis que les gens continuent à s'installer, le ring apparaît sur le plateau et un arbitre fait des annonces au micro. Lourdement souligné, le processus de transformation de la convention en contrat s'interrompt pour permettre à la représentation de commencer. La voix de l'auteur retentit et d'immenses écrans projettent des images évoquant la vie d'un petit quartier de province.

Rapidement, le spectateur se rend compte que l'arrivée au théâtre a servi de cadre métaphorique à l'entrée dans la représentation : il sera question du combat qu'une petite shampouineuse, qu'a connue l'auteur, mène pour survivre dans une région paupérisée, en compagnie d'un champion de boxe raté. Le match annoncé n'aura jamais lieu ; il ne sera pas vraiment question de boxe dans la pièce.

Le présupposé « je suis en théâtre » aura permis de conclure un contrat fondé sur l'ambiguïté salle de boxe/salle de théâtre, mais le processus de transformation de la croyance constitue l'objet même de la pièce. Le parti de la mise en scène renforce cette mise en évidence : le rôle des deux personnages se voit confié à quatre comédiens. Pareille distribution casse à la fois l'identification et la mise en phase avec les personnages. Le type de savoir mobilisé concerne l'articulation de la dénégation et de l'identification de l'image. À tout coup, la fonction de la théâtralité est exhibée : il s'agit de penser « à côté », de réinventer l'univers dans les limites définies par le spectacle.

Ces processus sont ritualisés au théâtre. Dans le cas du spectacle de rue, par définition transversal, hétérogène, interartistique, ils se situent en quelque sorte hors convention et doivent être réinventés sans qu'il soit envisageable de convoquer des mécanismes fixés par la tradition. Le spectacle de rue (*Alligator, Royal de Luxe, Grand Magic Circus, Magic Land*) assume d'abord la réappropriation de l'espace spectaculaire. Sa séparation première par rapport au monde naturel, en l'occurrence urbain, repose sur le changement d'identité qu'il impose au lieu, souvent par le recyclage. Les *Urbanologues associés* investissent les murs de la ville, les trottoirs, le mobilier urbain et en détournent le sens en intégrant celui-ci dans les codes théâtraux, notamment par le langage corporel. *Royal de Luxe* installe son camion et deploie le grand livre de l'histoire de France : tout autour, la ville, les fumigènes, le mobilier se muent en décor. La promesse prend ici une force événementielle hors du commun : il s'agit d'aller à la rencontre d'un spectateur qui ne se rend pas au théâtre, de le capter, de le surprendre dans l'instant.

20 *Quelles sont les modalités de la construction de la croyance et du savoir pour le comédien ?*

On parle en linguistique de *deixis* pour signifier une fonction par laquelle des opérateurs désignent le temps, les personnes, les coordonnées et circonstances des actes de discours. Ce sont en général les pronoms personnels, les temps verbaux, les démonstratifs et les adverbes de temps et de lieux qui servent d'outils, qui forment les pôles déictiques.

Il existe au théâtre une forme de *deixis* particulière par laquelle le comédien se commente comme fondateur de la convention spectaculaire. Il incarne en quelque sorte l'opérateur qui permet au spectateur d'identifier la nature et le contenu du contrat.

À l'instar du héros de Goldoni qui s'avance vers le public et décline son identité, le comédien est divisé par le jeu : être de chair, personnage de fiction, sujet habité par un autre destinateur. Le comédien tient un propos qui a un statut pluriel : discours propre, mais aussi énoncé délégué supposant un autre énonciateur (le metteur en scène, le scénographe, les autres comédiens, le texte dramatique, le spectateur). L'émotion, le corps, l'énergie, la parole traduisent une démarche qui se définit comme suit :

Je joue.
Je montre que je joue.

Elle est déclinée à travers trois modalités principales :

a. L'acte fondateur est la performance, par laquelle l'acteur exprime son *je joue*. Le corps et la voix organisent un contexte où les systèmes de signes prennent sens. Le comédien pose les bases du contrat spectaculaire qui permet et règle l'énonciation : Richard III est campé par un comédien d'origine maghrébine (*Richard III*, mise en scène de Dezoteux, 2006), tel vieillard joue les jeunes premiers, l'acteur chauve des *Bonnes* incarne un rôle de femme.

b. Cet acte est le présupposé de la fiction ; sans accord préalable sur le fait que le discours est spectaculaire (orienté vers l'observateur), l'énonciation de la fiction est impossible. Le *je joue* crée dans la représentation l'espace, le creux fictionnel préalable à la mise en

œuvre de la compétence modale : « ceci est du spectacle ». Il installe par ailleurs la définition de l'identité du personnage construit par le comédien. Il y a donc aussi, corrélativement, contrat d'identité rendu possible par la conscience du faire spectaculaire. C'est parce que le spectateur considère l'énoncé comme spectaculaire qu'il accepte de croire que le spectre sur sa monture est le père d'Hamlet.
c. Partant, le comédien *se montre* jouant (répertoire de signes en performance) *et montre*, concrétise un élément du monde absent (nécessaire à la construction du personnage). Cette dernière démarche fait l'objet de la tradition dramaturgique depuis Diderot et Stanislavski.

Les moyens utilisés pour construire ce discours sont multiples :
– au théâtre : le comédien assume généralement cette fonction à la fois par sa parole et son corps (gestuelle, mouvement) ;
– à l'opéra : l'expression musicale de l'interprète complète ou redouble celle de la parole. L'énonciation du *je joue* se voit exprimée deux fois mais peut être prise en charge par la musique. Celle-ci sert alors à prédiquer, à signifier le contrat d'identité, le contrat spectaculaire semblant en quelque sorte déjà fixé par les contraintes du genre lyrique. Le théâtre chanté hypertrophie la convention : la voix de l'interprète privilégie la performance, le *je joue,* sans qu'il soit besoin de l'expliciter. La présence de La Callas rend inutile l'affirmation de la convention, voire défie l'identification au personnage. C'est alors l'identité que le texte musical décline sur tous les modes : tel l'air de Mélisande dans *Ariane et Barbe-Bleue*, opéra peu connu de Dukas sur le livret de Maeterlinck (monté à l'Opéra de Nice, 2006) et qui marque le personnage ;
– la danse recourt essentiellement au corps : à la gestuelle, au mouvement et à la musique pour dire l'énonciation du *je joue* et définir les deux contrats de manière ouverte ;
– au cirque, Monsieur Loyal joue le rôle déictique, essentiellement centré sur la définition de l'identité, le contrat spectaculaire étant pris en charge par la prouesse du numéro.

Face à cette « *partition* » du comédien, le spectateur peut solliciter en une *sous-partition* (Pavis, 1996 : 92) divers régimes de croyance et de savoir qui vont concrétiser les suggestions faites :
a) il peut estimer que le seuil spectaculaire est essentiellement *fictionnel* et recevoir le système discursif centré sur la construction identitaire du personnage,

b) il peut centrer son attention sur le discours propre du comédien, le lire comme *document* prenant place dans une archéologie du jeu où s'inscrivent d'autres prestations antérieures du même comédien (le jeu actuel de Desarthe est un témoignage sur l'évolution de sa technique) ou d'autres comédiens ayant représenté la même pièce (Belmondo ou Weber pour incarner Cyrano déclinent des types de jeu différents),
c) ce discours propre peut être perçu comme *style* de jeu : le jeu du comédien est alors intégré dans un savoir du spectateur et comparé à d'autres paradigmes voisins, associant l'acteur au personnage (les « emplois », contre-emplois des comédiens : Rufus interprète Beckett par référence à un style de café-théâtre),
d) il peut recevoir l'articulation entre les deux discours comme un *spectacle.* Dans ce cas, le récepteur oscille entre le lisible référentiel des signes produits par le comédien et le visible opacifiant ces signes (dans *M Palermu* le corps des comédiens entre en contradiction avec les mots, et cette dialectisation devient l'objet de la lecture),
e) le cas échéant, le signe (geste, danse, corps, hexis, voix, parole) peut faire l'objet d'une lecture articulant les deux discours : le comédien devient lui-même une *œuvre* perçue sur le mode de l'interrogation esthétique (dans *Boxe,* le fait de répartir un rôle sur deux comédiens érige le jeu en question esthétique).

Ainsi, l'énonciation spectaculaire du travail du comédien peut être formalisée comme suit :

double énonciation

destinateur → partition T *vs* sous-partition T' ← destinataire
comédien énonciateur autonome ou délégué — spectateur

⟷

consignes d'observation
ceci est une performance
ceci est une fiction
ceci est un document
ceci est un spectacle
ceci est une œuvre

Selon ses habitudes de répertoire, son désir, ses attentes cognitives, le spectateur peut percevoir l'énoncé comme un document, comme l'illustration d'un style, d'un auteur, d'une fiction. En outre, et en principe dans tous les cas, il recevra le discours comme un spectacle. La mise en scène a pour fonction d'activer ou de narcotiser les interprétants, *clés* qui inviteront le spectateur à lire les signes dans leur polysémie ou à privilégier une signification unique. Elle a vocation à guider la lecture du spectateur, à métaphoriser ou à vectoriser celle-ci.

Le statut du comédien joue un rôle déterminant dans l'énonciation de la représentation. Eco le rappelle, dès qu'il y a ostension, il y a mise en signes et *sémiose* même si le signe est naturel et sans intention (Helbo, 1975 : 33). L'objet et l'action sont des signes théâtraux par convention et tout le système permet à l'observateur de forger du sens sur ce présupposé.

Dans les cas de figure exceptionnels où le spectacle refuse de rendre visible le processus du jeu, c'est la mise en évidence du refus qui fonde la convention. Le *Théâtre Invisible* de Boal se fonde sur le présupposé *je suis au théâtre* et *je joue* mais refuse le *je montre que je joue*. Dans l'intervention au Mac Donald's de Bielefeld, les spectateurs se trouvent dans un restaurant et ignorent qu'ils sont mêlés à des acteurs-provocateurs ; ils participent à leur insu à une représentation. Le comédien se trouve dans un lieu que le spectateur ne perçoit pas comme aire de jeu et ce spectateur n'a pas conscience de son identité d'observateur (personne ne sait que le restaurant est considéré comme aire de spectacle). Dans cette hypothèse, le comédien montre qu'il ne joue pas et le contrat repose sur cette clause.

21 *Comment la double énonciation de l'espace permet-elle la mise en place de la convention spectaculaire ?*

L'espace accueille et croise le regard (*spectare, théatron*), l'écoute, l'empathie du mouvement. Au gré des circonstances et des choix, il peut privilégier la résonance de la voix. Vitez ou Vinaver revendiquent plutôt un tel travail, qui érige le spectateur en vibrateur des textes incarnés par l'acteur. Le silence peut être assourdissant au point d'imposer l'image sans autre planche de salut. Robert Wilson crée aux États-Unis des spectacles dénués de mots ou manipulant un langage figé, stéréotypé, sans personnages, tels que *Le Regard du sourd* ou *L'Opéra*. Il compose des tableaux vivants, des images féeriques qui consacrent l'art de la lumière comme un art à part entière. Le public mobilise sa perception oculaire, se mue en « rideau de visages ». Le spectacle peut se faire mouvement, chez Meyerhold, Decroux, Laban (et aujourd'hui le Théâtre du mouvement). Grotowski ou Eugenio Barba repensent l'espace en fonction du corps, de sa motricité paradoxale et invitent le spectateur à accompagner cette dynamique.

La distinction sera opérée entre l'espace scénique (également en relation dialectique avec la salle et « le monde » que celle-ci reproduit éventuellement) et l'espace extérieur à la scène (la salle ou le dispositif de substitution implantés dans le tissu urbain ou géographique du « monde », formes qui dialoguent dans un contexte historique et culturel).

La configuration dont l'espace fait partie obéit à un processus qui renvoie à une **double énonciation** articulant l'iconicité et l'identité iconique de l'espace.

L'iconicité désigne, au sens peircien, la distinction entre l'espace spectaculaire, signe ressemblant construit par référence, et l'espace extrascénique figuré par l'icône.

L'identité iconique renvoie à un espace réel dont la signification est transformée à partir du moment où il entre dans un contexte (spectaculaire) nouveau.

Nous aborderons l'espace à la fois comme déterminant de la scène et dans sa structure de cadre général.

1. L'espace fonctionne comme carrefour de la convention et de l'imaginaire, dans *sa dimension scénique*.

Peirce rappelle la distinction entre trois types de relation associant le signe et son objet : icône (caractérisé par la similarité : la photo ressemble au modèle), indice (défini par contiguïté : le détail sur la photo me permet de supposer que le modèle se trouve à tel endroit), symbole (rapport arbitraire : la photo constitue une preuve en justice; elle témoigne légalement du fait).

On a beaucoup insisté sur le caractère iconique de la représentation théâtrale, que l'on a mis en parallèle avec la problématique de la dénégation. L'espace est un déterminant de la construction conventionnelle :
– c'est l'espace qui se réfère aux lieux du monde,
– c'est un espace de spectateur ou de comédien qui ressortit au présupposé « je suis au théâtre »,
– c'est un espace de la fiction.

Le seul présupposé *je suis au théâtre* entraîne une double *sémiose* :
– l'espace dans lequel je suis, les objets et les corps proposés renvoient à ceux que je connais dans le monde réel,
– par le seul fait qu'ils sont présentés dans un contexte théâtral, ils figurent des objets, espace et corps de théâtre.

L'espace présente d'abord les caractéristiques énonciatives spécifiques, à la fois identifiables et lisibles, obéissant à des règles propres. Le déclenchement du régime de croyance dépend des traits pertinents qui me permettent de reconnaître les référents ou la relation type/exemplaire. La reconnaissance de la similarité dépend de nombreux critères :

– l'*encyclopédie* du spectateur : le repérage des traits pertinents dépend de ma connaissance du monde. Dans ce cas, l'iconicité générale (non construite) fait que le signe inclus dans la représentation peut être celui que je connais dans le réel. Un spectacle fondé sur la socialité du comédien (une occurrence d'identité iconique spécifique manifestée, par exemple, par un comédien qui joue son propre rôle, un lieu qui renvoie à sa propre existence : *Hamlet* joué dans le château de Kroneborg à Elseneur) n'a de sens que pour celui dont le répertoire culturel permet d'identifier les traits pertinents ;

– la construction d'une identité iconique générale : par certains traits, le péristyle représenté sur le plateau rappelle un château et certains détails choisis évoquent le château d'Hamlet (par exemple chez Chéreau ou Brook) ;

– la construction d'une identité iconique spécifique au théâtre : la soupière dans *Travail à domicile* de Kroetz, mis en scène par Jacques Lasalle, s'efface devant la métonymie de la nourriture qu'elle évoque.

Le cas échéant, des règles propres induisent une fonction indicielle. L'objet et l'espace renvoient à la figure du fabricateur ou au commentaire de celui qui montre ou qui met à distance. L'utilisation de la lumière chez Strehler est un véritable signal métadiscursif.

L'espace renforce également le processus d'observation, voire détermine la « perception spectaculaire » du public : l'espace- tréteaux de la Cartoucherie de Vincennes, chez Ariane Mnouchkine, permet de voir en même temps les spectateurs et les diverses estrades sur lesquelles la représentation a lieu.

Même lorsque le metteur en scène fait jouer la pièce dans la salle et place les spectateurs sur scène (*L'Opéra de quat'sous* au Varia), la distance entre acteurs et observateurs subsiste, assurant la constitution du mode perceptif spectaculaire. *La Mouette* de Tchekhov montée par Jacques Delcuvellerie (Théâtre National, Bruxelles, 2006) prévoit un dispositif où spectateurs et comédiens partagent un même espace. Ils sont attablés ensemble dans un lieu qui rappelle un restaurant. Le jeu introduit, cependant, un clivage que viennent renforcer l'utilisation de la caméra vidéo (un caméraman présent au milieu de l'aire de jeu filme les protagonistes) et les écrans, permettant au spectateur de multiplier les angles de vue, de pallier l'amblyopie de sa position assise à même hauteur que les comédiens. La conscience de la division, d'une séparation entre l'intérieur et l'extérieur de la performance, habite l'espace.

2. De manière plus générale, *l'espace théâtral* constitue un des déterminants qui contribuent à orienter le discours vers la compétence spectaculaire. Il a pour fonction :
– de renforcer le statut de l'actant observateur et son présupposé « je suis au théâtre » ;
– de renvoyer aux règles propres du dispositif théâtral (lieu ouvert ou édifice en dur, clivé, frontal, élisabéthain, cruciforme, en tréteaux) et éventuellement de l'œuvre/la fiction représentée (mimétique ou ludique). Sans doute l'opposition scène/salle, commode sur le plan pédagogique, est-elle contestable au niveau dramaturgique.

Étienne Souriau réduit à deux types la configuration topologique globale : le cube et la sphère (Souriau, 1950). Pour Souriau, la dichotomie oppose un espace contraint et divisé (carré) à un espace malléable et intégrateur (circulaire), tant pour les comédiens que pour les spectateurs. Les enjeux, idéologiques, se nichent dans la confrontation du réalisme et de l'abstraction. Tantôt la

rupture s'opère entre la scène, miroir du réel et l'envers du décor censé dissimuler la théâtralité; tantôt la césure sépare les tréteaux (la théâtralité) et le monde, elle distend l'activité spectaculaire fédérant les imaginaires et l'univers référentiel qui s'en sépare. En d'autres termes, c'est au sein de la conception de la fiction que s'installe la division. L'espace véhicule une véritable fracture sémiotique;
– de faire référence au monde naturel auquel il est adossé. Il incarne le monde, l'invente et montre qu'il l'invente. Lieu dans la cité, le *topos* articule la fiction, l'exhibition du spectaculaire et le monde naturel. Le théâtre suppose l'affrontement entre un espace en rapport avec le monde et un espace où les événements sont fictifs. Le spectacle construit une fiction qu'une communauté reconnaît et où elle se reconnaît.

À travers sa topo-morphologie, la valeur prédictive du lieu permet non seulement de souligner la définition du cadre conventionnel, le présupposé de théâtralité, mais aussi de définir le système d'attente de l'observateur. La spécialisation des lieux, théâtre de répertoire, salle de vaudeville, opéra ou cirque, correspond à la constitution consciente ou non de communautés d'usages, de « publics » fédérés par des goûts et des attentes. Roland Barthes, à une époque où l'épistémologie structuraliste fait florès, s'intéresse au parcours du visiteur qui, découvrant Paris du haut de la Tour Eiffel, a l'impression d'une scénographie urbaine. Juxtaposition, alternances et symétries organisent la ville comme si elle était mise en scène par un invisible *monstrateur*. Discours spectaculaire produit par l'actant observateur, certes. Mais la corrélation entre le lieu et les attentes de réception n'est pas moins avérée : le choix d'implanter la Tour Eiffel à cet endroit autorise, appelle ce type de déchiffrement. Au théâtre, la démarche est comparable : la labilité des codes et la nécessité d'une réadaptation permanente stimulent la relation entre la réception et le repère stable du lieu. Tant l'implantation dans le tissu urbain que l'architecture du lieu font sens.

Le *proagon* grec, présentation qui précède la tragédie, constitue l'exemple topique d'une partie du spectacle destinée à mettre en place des stratégies et des interprétants. Cette intention dramaturgique a progressivement nécessité l'aménagement d'un lieu propre. La division des genres perpétuée jusqu'au XIXe siècle, résiste aux attaques du romantisme (de Victor Hugo entre autres) en raison du caractère prévisible des pièces appartenant à chaque type de répertoire. Le genre est un repère permettant d'anticiper les attentes du spectateur et qui va déboucher aussi sur la spécialisation des édifices architecturaux. Cette spécificité a partie liée avec les stéréotypes de personnages, dont la reconnaissance et l'intégration dans le savoir du spectateur renforcent le fonctionnement : si la *commedia dell'arte* s'épanouit dans la rue, elle compense l'ouverture du lieu par un principe de répétitions de personnages, parfois indissolublement liés à la personnalité des comédiens.

Ces corrélations ont permis à Marvin Carlson (Helbo, 1987 : 65) de mettre en évidence des liens avérés en Europe entre l'implantation dans l'espace urbain, le type de salle, le répertoire, la distribution, le jeu d'acteur, la prévisibilité de l'horizon d'attente du spectateur. Carlson distingue ainsi les salles de grand répertoire (les « classiques » appelant une interprétation du texte) généralement situées à proximité d'institutions ou de lieux de pouvoir, les théâtres à vocation commerciale implantés au cœur de la ville et évitant au spectateur l'effort d'un parcours trop détourné, les théâtres de recherche affichant une nette prédilection pour des quartiers périphériques, d'accès parfois difficile, réservés au spectateur déambulateur, disposé à explorer des territoires détournés ou sans grande vocation culturelle.

Il ne faudrait pas conclure, cependant, de ce qui précède que le périmètre spatial délimite irrémédiablement le territoire de l'imaginaire. Le lieu agit comme signal. La projection fantasmatique des spectateurs et des comédiens fluctue, se déplace sans épouser nécessairement les contours des aires de jeu.

Par ailleurs, la forme de l'espace peut déterminer la perception spectaculaire : l'espace-tréteaux ou l'espace cruciforme de Harvey Grossman, disciple de Craig, inscrivent le spectateur dans le champ de vision du public, embraient dans l'énoncé la perception du groupe par l'individu. Le public est disséminé dans le lieu et cadre lui-même les contours de l'image perçue, démarche que l'espace frontal n'induit évidemment pas.

On sait aussi que la proxémique influe sur cette constitution de la communauté d'usage. Le réglage de la distance par rapport au plateau entraîne des variations perceptives souvent associées à des partages déictiques. La vision rapprochée (le *Théâtre apparte-*

ment de Bernard Damien par exemple) rend le spectateur visible du comédien et stimule l'attention au détail ; à distance moyenne, le spectateur figure dans le champ visuel de l'acteur mais échappe à une aperception comme individu ; il peut se croire destinataire mais n'est pas happé immédiatement par le jeu scénique. Les zones des dernières rangées sensibilisent à la perception des mouvements scénographiques de plus grande ampleur. Pour reprendre la distinction déictique proposée par Casetti (Casetti, 1990), l'espace induit trois modes d'énonciation de l'image scénique sur le mode du *je,* du *tu* et du *il.*

22 *Pourquoi le texte spectaculaire est-il interstitiel ?*

Commençons par quelques considérations simples. Le *texte spectaculaire* comprend tous les matériaux de la représentation. On peut considérer comme texte l'ensemble de la gestuelle d'un acteur, la syntaxe corporelle d'une configuration de comédien, le rythme du jeu, la parole. Dans *Theory of Performing Arts* (Helbo, 1987 bis), nous avons insisté sur le fait que le texte doit être abordé comme texture. Cette notion propose au spectateur les moyens (croyance et savoir) de construire une cohérence. Bouissac (Bouissac, 1976) souligne que « le texte peut être défini par certaines propriétés formelles, indépendamment de ses composantes physiques et symboliques » et s'assimiler à « toute disposition stable d'éléments ordonnés (phrases, objets ou actions ou toute combinaison de ceux-ci) dont la compétence ou la collation est considérée par un encodeur et/ou un décodeur comme capable d'une relation réciproque, par l'intermédiaire d'un système logico-sémantique ». D'où l'importance accrue de la problématique de l'accomplissement du texte, corrélée au problème de la cohérence des « éléments qui le composent ». Cet « accomplissement » exprime une propriété non immanente aux unités de communication, mais que les « attributions d'intention » des émetteurs et des récepteurs confèrent à ces unités.

Nous nous intéressons dans cette rubrique à une composante du texte spectaculaire, le texte verbal, caractérisé, il va de soi, par sa nature interstitielle de tressage traversé par les codes de la mise en scène (Anne Ubersfeld évoque l'hypothèse, classique aujourd'hui, d'un texte « troué »). Le texte théâtral se compose de texte dramatique et de didascalies. Qu'en est-il du texte dramatique ? Gaudreault l'a souligné, il s'agit d'un texte dont la posture énonciative est la *monstration*. Il a pour fin d'orienter la compétence du spectateur, de lui signaler que la modalité du discours est spectaculaire.

On peut dès lors distinguer didascalie et texte dramatique selon la fonction remplie dans le contrat spectaculaire.

1. La didascalie construit prioritairement un savoir de l'acteur et du metteur en scène.

Les traces didascaliques constituent un phénomène culturellement situé et qui peut se décliner sous des formes multiples :
a. l'absence de transcription accompagne à la fois la tradition antérieure à l'époque romaine et les pratiques non européennes ;
b. les notes apocryphes prises au cours de la représentation apparaissent aux XVIIe et XVIIIe siècles en France ;
c. les didascalies construites *a posteriori* souvent par les comédiens en cours de répétition et qui fixent la représentation se développent dans la *commedia dell'arte* ;
d. c'est au XXe siècle que naît chez Erwin Piscator la technique qui consiste à fixer dans les didascalies des consignes épistémiques pour la troupe : « Et en même temps que la scène naissaient la musique et la mise en scène. Des scènes furent montrées simultanément en différents endroits du théâtre avant que le manuscrit ne fût définitivement fixé » (Piscator, 1962 : 64) ;
e. l'idée du texte canevas, produit collectivement par les instances scéniques et prenant en compte les réactions du spectateur, devient alors un mode créatif avéré chez Julian Beck, Ariane Mnouchkine et Dario Fo. *Apocalypsis cum figuris* de Jerzy Grotowski (1968) peut être considérée comme une des expériences les plus abouties du procédé, le spectacle s'étant construit à partir de répliques et d'exercices inventés par les interprètes et progressivement remplacés, au cours des répétitions, par des citations puisées dans le patrimoine littéraire de l'humanité.

2. Dans le contrat spectaculaire, la didascalie se distingue du texte dramatique, qui construit prioritairement un savoir du spectateur.

sa nature interstitielle de tressage traversé par les codes de la mise en scène (Anne Ubersfeld évoque l'hypothèse, classique aujourd'hui, d'un texte « troué »). Le texte théâtral se compose de texte dramatique et de didascalies. Qu'en est-il du texte dramatique ? Gaudreault l'a souligné, il s'agit d'un texte dont la posture énonciative est la *monstration*. Il a pour fin d'orienter la compétence du spectateur, de lui signaler que la modalité du discours est spectaculaire.

On peut dès lors distinguer didascalie et texte dramatique selon la fonction remplie dans le contrat spectaculaire.

1. La didascalie construit prioritairement un savoir de l'acteur et du metteur en scène.

Les traces didascaliques constituent un phénomène culturellement situé et qui peut se décliner sous des formes multiples :
a. l'absence de transcription accompagne à la fois la tradition antérieure à l'époque romaine et les pratiques non européennes;
b. les notes apocryphes prises au cours de la représentation apparaissent aux XVIIe et XVIIIe siècles en France;
c. les didascalies construites *a posteriori* souvent par les comédiens en cours de répétition et qui fixent la représentation se développent dans la *commedia dell'arte*;
d. c'est au XXe siècle que naît chez Erwin Piscator la technique qui consiste à fixer dans les didascalies des consignes épistémiques pour la troupe : « Et en même temps que la scène naissaient la musique et la mise en scène. Des scènes furent montrées simultanément en différents endroits du théâtre avant que le manuscrit ne fût définitivement fixé » (Piscator, 1962 : 64);
e. l'idée du texte canevas, produit collectivement par les instances scéniques et prenant en compte les réactions du spectateur, devient alors un mode créatif avéré chez Julian Beck, Ariane Mnouchkine et Dario Fo. *Apocalypsis cum figuris* de Jerzy Grotowski (1968) peut être considérée comme une des expériences les plus abouties du procédé, le spectacle s'étant construit à partir de répliques et d'exercices inventés par les interprètes et progressivement remplacés, au cours des répétitions, par des citations puisées dans le patrimoine littéraire de l'humanité.

2. Dans le contrat spectaculaire, la didascalie se distingue du texte dramatique, qui construit prioritairement un savoir du spectateur.

Cunningham, Barbara Lloyd, David Tudor et Gordon Mumma. La scène, surmontée d'une rampe de cellules photoélectriques activées par le mouvement des danseurs, enclenche installations électriques et sonores. Non seulement le texte de *Variations V* est postérieur à sa représentation, mais il est rédigé selon des méthodes et des calculs utilisant le hasard et la théorie du chaos.

3. Il existe des occurrences où la confusion entre texte dramatique et indications de régie nourrissent la posture énonciative.
a. Le texte de régie se fait passer pour texte dramatique. Les premières pages de *La Leçon* contiennent des indications qui prennent la forme d'une écriture dramatique : à qui s'adresse cette énonciation ?
b. Les directives de scènes, très détaillées, prennent la place du texte dramatique. Genet, Beckett, Ionesco recourent volontiers à pareille approche. *Actes sans paroles* de Beckett ou *Le Pupille veut être tuteur* de Peter Handke offrent un texte truffé de consignes descriptives sans monologue ni dialogue. Dans ce cas, le spectateur se trouve impliqué dans un régime d'acteur.
c. *Les Mimodrames* de Baudelaire, Flaubert ou Joyce inscrivent le texte didascalique de la pseudo-pièce dans une structure narrative qui fait de ces œuvres des pièces à lire, des « spectacles de l'esprit ». Cette fois, l'acteur se trouve en position de spectateur.

4. Le texte peut définir prioritairement un savoir spectaculaire : il importe des témoignages de la mise en jeu ou de la mise en scène. Il sollicite une archive et définit une compétence de lecture. Ainsi un truffage textuel peut intégrer le jeu réaliste dans une mise en scène symbolique. *Hamlet* de Chéreau, recourt, lorsque le roi entouré de sa cour fait son apparition, à des îlots de jeu réaliste; ceux-ci apparaissent aux yeux du spectateur comme des citations stylistiques contrastant avec le reste de la mise en scène; ce sont, en quelque sorte, des écarts à la norme construite sur l'exhibition de la théâtralité en genèse dans le drame.

23 *La fiction spectaculaire est-elle spécifique ?*

Face à un discours qui présente un monde ancré à la fois dans le savoir épistémique (authentique, confronté à l'expérience du réel) et autoréférentiel, la question de la fiction se pose de manière spécifique. Nous savons qu'au théâtre la construction fictionnelle relève du processus ; elle entre en dialogue avec les autres constituants du discours spectaculaire.

Rappelons les étapes des processus de fictionnalisation telles que les cernent les narratologues :
– la *figurativisation* : l'univers présente l'expression du monde naturel que connaît le spectateur. *La Mort de Danton* de Georg Büchner, mise en scène en 2002 à l'Odéon par Lavaudant, fait apparaître des chambres et une rue sémantiquement repérables dans le monde (maison close, salle de jeu, etc.). Le contexte historique est également authentifiable à la fois par les coordonnées et les allusions (le compte à régler avec l'idéalisme hégélien par exemple) ;
– la *spectacularisation* : un certain nombre d'indicateurs invitent à voir un monde singulier et à développer une compétence spectaculaire ; l'espace, le temps sont habitables par des personnages, par des objets dont la nature de performance s'adjoint d'une dimension de monde possible. Un conflit s'installe entre le support matériel qui ne s'efface pas (je suis au théâtre et je vois des objets, des formes scénographiques) et l'opération par laquelle le spectateur est invité à structurer du sens, dans les limites d'une impression vacillant entre réalité et théâtralité. Dans la vie, on n'occupe pas des lieux aussi disséminés que ceux de l'univers de Büchner, mais au théâtre, ce dispositif fragmentaire devient acceptable et connoté symboliquement ; de plus, les costumes, ni historiques ni contemporains, se veulent à la lisière d'une théâtralité consciente qui m'invite à regarder le monde présenté comme un spectacle ;
– la *narration (ou fable au théâtre)* : les matériaux structurés comme un monde peuvent comprendre le principe d'un récit, susceptible de servir de point d'appui à la narrativisation : le continuum proposé n'est pas articulé seulement comme le monde naturel, il propose une suite de tableaux structurés ;

– la *narrativisation* : c'est au spectateur d'assigner un mouvement, de contextualiser, d'inscrire dans le temps les énoncés et images du monde mis en scène ; il peut associer des valeurs à l'enchaînement, au rythme, assigner un but à la narration, transformer celle-ci en action : ces personnages de la Révolution, ballotés, signifient l'errance d'un peuple et il est possible de construire l'action sur cette interprétation ;
– la *mise en phase* : homogénéisation affective et cognitive du spectateur au rythme de la dynamique discursive (il s'agit ici des mécanismes psychologiques : identifications au désir, à l'attente, au récit), perceptive (il vibre, écoute, regarde en même temps que les corps se déplacent sur scène), culturelle (sa connaissance du répertoire, ses valeurs ou son idiolecte l'incitent à accepter ou à refuser le visible), cognitive, énonciative (plaisir de la dénégation et des moyens mis en jeu pour construire le faire-croire).

Figurativisation, spectacularisation, narration/narrativisation par le spectateur, mise en phase : la question essentielle soulevée par ce processus porte sur la transition. Comment l'articulation de la performance à la fiction s'opère-t-elle ? Quel critère invite le spectateur à fonctionner sur le mode d'une compétence spectaculaire, à faire le saut d'une étape à l'autre (cf. question 25) ?

Le théâtre constitue un type particulier de fiction qui a pour fonction d'installer au sein de la représentation un espace fixant la compétence modale. L'énoncé fictionnel se voit signalé comme produit du discours spectaculaire. Il ancre la situation dans ce cadre, oriente l'énonciation et provoque donc l'adhésion au faire-semblant inscrit dans la convention spectaculaire.

De ce point de vue, la fiction théâtrale se distingue du processus fictionnel tel qu'il est généralement appréhendé. C'est à Searle que l'on doit la description du statut logique de toute fiction (narrative). Celle-ci est associée à l'*intentionnalité* de l'auteur. Searle (Searle, 1975) oppose l'acceptation des règles exécutoires de l'acte de parole (assertion) à la simulation de cette acceptation (fiction).

Umberto Eco pose un distinguo similaire en prenant pour critère l'univers de référence du spectateur : il oppose ainsi le narratif « naturel » (le texte présente un univers factuel, intégrable dans l'univers socio-matériel du récepteur) et le narratif artificiel (le texte présente un univers fictif, non intégrable dans l'univers socio-matériel du récepteur).

L'extension de l'hypothèse conçue pour la fiction narrative au théâtre entraîne un aménagement. La fiction spécifique du théâtre suppose, dans le cas où un texte sous-tend le spectacle, une double axialité énonciative :
a. la relation univers de référence du spectateur (son encyclopédie, son idéologie, son idiosyncrasie, ses interprétants) et univers du texte dramatique (mondes possibles) ;
b. la relation univers du texte dramatique (référence et mondes possibles) et univers de la représentation (référence et mondes possibles).

Il conviendrait d'envisager la coopération entre univers de référence et mondes possibles au sein d'un espace défini par le pacte spectaculaire et dont la fiction serait le produit.

La fiction théâtrale revêt un caractère organisateur, une fonction d'accessibilité, de « concrétisation » (Honzl), assumant des interconnexions, réglant une circularité, au carrefour des conventions spectaculaires, plus ou moins référentielles, et des mondes possibles. L'univers fictionnel, intégrateur et pluriel, du théâtre combine des éléments de catégories différentes (relevant du sociomatériel et du suiréférentiel, du renvoi conjugué au monde et aux codes spécifiques). Il constitue en quelque sorte le déclencheur de la convention spectaculaire.

La fiction propose un signal dans l'espace de la représentation, indiquant que la stratégie d'action ou de savoir annoncée par la convention est celle du faire spectaculaire. Au théâtre, l'opposition entre réel et fiction fait donc place à la construction d'une compétence modale.

Le rôle cognitif de l'actant observateur (dont le faire-semblant serait le corrélat) aurait donc pour fonction de faire percevoir comme spectaculaire une situation doublement interprétable (comme fictionnelle ou réelle).

Le cirque constitue la forme de spectacle vivant où la fiction apparaît le moins explicitement. Ce spectacle relève de la performance inscrite dans le discours observé. Il contient des signaux fictionnels spécifiques indirects. Comme le souligne Mannoni : « Au cirque, la mort est présente et toujours rappelée, sous forme de risque défié par les acrobates et les dompteurs. Les « acteurs » qui courent ce risque doivent nécessairement pour le courir, être là, en tant qu'ils sont eux-mêmes, sans qu'aucun rôle puisse être interposé. Les clowns, eux, ne risquant pas la mort, et à l'abri d'un rôle dérisoire, sont là pour souligner le sérieux du risque et le faire oublier à la fois » (Mannoni, 1969 : 180). La relation au monde naturel, fissurée par le regard du clown, assure la convention spectaculaire. La part éventuelle de la fiction dans la représentation repose sur une faille possible dans l'espace performatif. C'est seulement si la prouesse transgresse explicitement les lois du quotidien (le héros accomplit son geste par-delà les équilibres des mondes de référence), voire enfreint les normes du cirque en simulant d'abord l'échec, que s'articule le récit de l'exploit réussi. La prouesse observée témoigne d'un déni de réalité qui enclenche la décision de recevoir l'événement comme un spectacle partiellement fictionnel.

24 *L'image scénique et la mise en scène : comment le montage est-il construit/perçu ?*

L'image théâtrale a un statut particulier, qui la différencie de l'image picturale ou filmique. Le metteur en scène et les comédiens la construisent. Le spectateur la détruit. Sur scène, tous les moyens et stratégies peuvent être accumulés pour concentrer l'attention sur l'objet ou le mouvement significatif. Le spectateur reste libre de toute réquisition. *Richard III* dans la mise en scène de Dezoteux (Varia, 2006) met en œuvre un système de focalisation corporelle associé à la prise en charge de l'espace : ce réseau vectorisé invite le spectateur à suivre le mouvement du discours. Le groupe de comédiens se tourne systématiquement (corps, geste, regard, éclairage, proxémique) vers l'interlocuteur auquel il s'adresse et qui occupe l'axe à bonne distance. Le spectateur est donc invité à suivre le mouvement du discours. Mais une réception parfaitement contradictoire peut refuser ces suggestions et construire du sens en choisissant d'autres points de vue : rien n'empêche par exemple d'épouser le jeu du parterre et d'exclure celui du balcon. La coopération est aussi destruction de l'image et chacun maîtrise son libre-arbitre.

Le spectateur confère à l'image un caractère de cadre. Sur fond d'espace, le récepteur découpe une « vision » (au sens eisensteinien). Celle-ci, traversée notamment par le non-dit du texte, est une zone trouée, une invitation à suturer le manque.

La signification de l'image, sur laquelle production et réception peuvent s'entendre, met en œuvre un processus qui repose sur une activité cognitive : la reconnaissance des traits de l'image est d'autant plus fine que le regard prend appui sur l'expérience des codes théâtraux; l'apprentissage permet d'affiner la perception ou l'émotion, d'anticiper certains effets :
– iconiques : la lecture porte sur la dialectique de l'image avec le réseau signifiant; elle déchiffre une écriture sur la page blanche de l'espace, de la tridimensionnalité mais aussi de la fiction;
– indiciels : la signification se fonde sur un renvoi tantôt au visible (l'image opaque, résistante) tantôt au lisible (l'image référentielle, idéologique, fictionnelle).

Soit le projet de la Societas, théâtre d'images et de sensations, visant une expérience théâtrale intense qui prétend interroger l'hégémonie du texte. Au point d'ailleurs d'alimenter la polémique lors du dernier festival d'Avignon (2005). Détruisant certains codes de la représentation théâtrale, la Societas cherche à créer une nouvelle forme d'écriture scénique où le théâtre ne se fait qu'« image ». Il prétend offrir un spectacle qui est déjà celui de la réception. Sur scène, *BR.#04 et C.#11* présentent une succession de tableaux déjà induits, d'images-clés, servant une narration fragmentée, adressée au spectateur sur le mode de la sensation.

En ce sens, il serait bien vain de vouloir verbaliser, élucider de manière univoque ce que font vivre *BR.#04 et C.#11*. L'épisode de Cesena s'ouvre sur une scène archaïque : un enfant, une chambre à coucher, une mère qui murmure à l'oreille d'un enfant. L'obscurité se fait. Là, pendant de longues minutes, le regard du spectateur scrute, cherche à trouer l'ombre du plateau. Un souffle violent se lève, semblant annoncer une tempête invisible. Les suites de tableaux se veulent saturées d'une intensité qui va jusqu'à la douleur : le blanc d'un cheval qu'on mène sur le plateau en silence, le rouge des draps sur le lit de l'enfant, la nudité d'un homme qu'on déshabille, le noir des costumes des hommes qui, soudain, envahissent la chambre. Ce sont ces mêmes couleurs que l'on retrouve dans l'épisode de Bruxelles : dans la blancheur aseptisée d'un cube de marbre blanc se répand le rouge intense du sang de l'homme assassiné par des policiers, et auquel succède la silhouette noire d'un enfant travesti en satyre. Pourtant, l'artifice est dévoilé : le sang de la victime est répandu sur le sol par les policiers avant même sa mise à mort. En ce sens, la scène ne fonctionne ni sur le mode de la figurativisation ni sur celui de la narration. Selon Claudia Castelluci, le projet de la Societas est celui d'un « art qui ne veut pas reproduire le monde, mais le refaire » (Castelluci, 2005). Ce projet esthétique rend peut-être l'énonciation du théâtre paradoxale mais assume sa fonction de signal conventionnel.

De même, si le titre du cycle (*Tragedia Endogonidia*) fait référence au genre tragique, l'absence du chœur qui avait, dans la tragédie, fonction de commentaire et de rassemblement communautaire, témoigne de la réinterprétation : il incombe alors au seul spectateur de donner sens aux images. Expérience de la limite ou exemple symptomatique, la représentation décrite illustre la manière dont est reçue l'image scénique. Là où la concrétisation d'un texte fournit une linéarité incarnée par la voix, le metteur en scène a voulu proscrire le déchiffrement, permettre une appropriation fondée essentiellement sur la sensation, visuelle, perceptive, émotive, même si la cohérence, une autre cohérence, reste présente et offerte au travail du spectateur.

Intégrée dans le processus narratif ou dégagée de cette contrainte, l'image entre dans un mécanisme de réception/construction linéaire/tabulaire, dans un montage. Eisenstein définit ce montage comme une activité intégrative, assemblant des prises de vue (extraction de visions sélectionnées arbitrairement à partir d'images, entités visuelles offertes à la perception) et la composition (associant des prises de vue). On peut définir le montage théâtral comme suit.

Le spectateur saisit un continuum d'images scéniques. Il prélève lui-même ses visions à partir de l'ensemble qui lui est offert (il produit des prises de vue, extrait le tableau dans le continuum linéaire) et organise celles-ci en composition. Pour ce faire, il opère aussi dans la diachronie du spectacle, se souvenant ou non de certaines images pour mieux saisir les autres.

Les images du spectateur de théâtre sont induites (perceptives mais construites par le récepteur).

Insistons sur l'opposition image induite, image perçue. Plus question pour l'instance scénique d'imposer une image focalisée mais bien de la suggérer. Le travail du metteur en scène consiste à inventer des signaux qui invitent, qui proposent des pistes de sélection. Le soin d'organiser la singularité des montages est délégué au spectateur. Les seules prises de vue évidentes sont celles du spectateur de théâtre qui, *in fine*, se fait son cinéma. Il suit ainsi le trajet inverse du spectateur de film, sommé, sans pouvoir y échapper, d'épouser le montage et la composition directe du réalisateur, pour en extraire un récit.

L'opération de montage théâtral implique le dialogue avec la mise en scène. Celle-ci accomplit un exercice de traversée de la fable/fiction, de l'image, selon de multiples parcours possibles :

a. La mise en scène émancipée. L'image étant au cœur du conflit entre la matérialité plastique et le projet de signification iconique qu'elle suscite auprès du spectateur, la mise en scène aura à développer des stratégies, des socles possibles de l'attention. La mise en scène opère par le contrepoint : elle produit des signaux appelés à guider le travail du montage spectatoriel. Nouvel avatar de la dialectique entre fiction et performance qu'est le contrat spectaculaire. Orienter le regard, l'écoute, la proprioception, l'émotion : tel est l'enjeu. Brecht évoquera « l'éloignement » pour caractériser cette technique destinée à rendre visible la pertinence du tableau censé faire l'objet de la sélection perceptive. Processus de *cadrage* préalable au repérage du seuil. Les saynètes, numéros de bateleurs, décalages rythmiques chez Brecht, les attractions eisensteiniennes illustrent cette posture énonciative.

b. La mise en scène ne se positionne pas seulement comme aiguilleur de la fiction ou de la performance, elle est aussi commentaire de la convention. En 1952, John Cage compose *4'33*, pièce en trois mouvements dont aucun son n'est produit intentionnellement. Ce soir- là, pendant quatre minutes trente-trois secondes, David Tudor, le premier interprète de Cage, bouge trois fois le bras, en silence, laissant aux interlocuteurs le soin de comprendre l'enjeu de l'événement : ils écoutent de la musique et pas n'importe laquelle, la leur. Cage offrait la possibilité de créer de la musique sans musique, de la musique sans intention de musique. Cage compose (conceptualise ?) effectivement un art qu'il improvise. Pour lui, une « musique non intentionnelle », indéterminée. Cette performance délègue la compétence à l'auditeur/spectateur et commente implicitement le contrat spectaculaire.

c. Par la stratégie de signaux ou par le commentaire, la mise en scène vise à agir sur le spectateur, à orienter son activité : le rythme, la rupture, le visuel, le sonore sont autant de capteurs destinés à influencer, voire à décaler, le travail d'induction. Tantôt elle insiste sur la « feintise » (selon l'expression déjà citée de Jost), elle multiplie les indications qui retissent les liens au texte (Chéreau feutre à Avignon les sabots de la monture chevauchée par le père d'Hamlet pour éviter l'incursion du parasite sonore dans la fiction), tantôt elle opacifie l'image et en bloque la référence parfois jusqu'au scandale. Tel le décalage entre la voix parlée, chantée d'*Anathème,* créé à Avignon en 2005 par Jacques Delcuvellerie, et les corps nus, dont la seule présence plastique déphasée constitue un monde spectaculaire.

Perpétuel balancier entre l'affirmation et le gommage de l'autoréférentialité de l'image, la mise en scène incite à créer du sens.

Signalons pour terminer que les formalistes russes, et en particulier Honzl, ont tenté d'objectiver les parcours proposés par la mise en scène, à travers la théorie des vecteurs; ceux-ci font de l'acteur un signal cohérent et lisible parmi les autres composants de la représentation. Patrice Pavis définit le vecteur comme « une force et un déplacement depuis une certaine origine vers un point d'application et selon la direction de cette ligne allant d'un point à un autre » (Pavis, 1996bis : 61). Dans cette optique, la vectorisation pourrait être subdivisée en signes élémentaires du jeu :

– « accumulateurs : ils condensent ou accumulent plusieurs signes;

– connecteurs : ils relient deux éléments de la séquence en fonction d'une dynamique;

– sécateurs : ils provoquent une rupture dans le rythme narratif, gestuel, vocal, ce qui rend attentif au moment où le sens change de sens;

– embrayeurs : ils font passer d'un niveau de sens à l'autre ou de la situation d'énonciation aux énoncés » (*idem* : 61).

25 *Peut-on définir la compétence du spectateur ?*

Ce grand inconnu de l'hémisphère obscur du théâtre (Max Reinhardt) qu'est le spectateur mérite qu'on s'y attarde.

Comme les autres constituants de l'événement spectaculaire, le plaisir du spectateur est clivé :
– primaire, associé au plaisir de la croyance : je me laisse emporter par le lieu de la fiction, je crois au monde de théâtre possible ouvert par l'espace dans lequel me fait entrer la représentation ;
– secondaire ou logique, accompagnant la conscience du processus d'observation : j'apprécie à la fois la réussite de l'illusion, qui me fait adhérer à l'ailleurs évoqué, et je reste conscient du caractère construit de la performance.

Ce plaisir est associé à une compétence dont le profil peut être décrit. La compétence du spectateur a été abordée de façons multiples et parcellaires. Tout d'abord par référence à la théorie de la réception. On peut citer les *horizons d'attente,* couvrant les effets anticipés d'un texte conçus par le public et la définition du spectateur implicite. Autre modalité, l'approche cognitiviste permet de formaliser les modèles de compréhension, de mémorisation, de paraphrase.

La compétence du spectateur a aussi été étudiée par référence à des hypothèses appropriées au théâtre. Le *spectateur modèle*, opérateur proposé par Marco De Marinis (De Marinis, 1993), prolonge l'hypothèse de *lecteur modèle*, définie par Eco, et se fonde sur l'inscription du modèle de lecture dans des textes performantiels ouverts ou fermés.

Nous proposons une approche plus socio-pragmatique (Helbo, 2006), permettant de situer la competence du spectateur de théâtre au sein d'une compétence spectaculaire globale combinant plusieurs mécanismes de niveaux hiérarchiques différents (le spectateur développe une activité différente de celle du spectateur de film ou de télévision).

Au théâtre, la compétence spectaculaire repose sur la conscience du « je suis au théâtre » : elle renvoie au présupposé selon lequel l'énoncé prend sens dans un contexte énonciatif, lié à un régime de croyance propre à la réception *in praesentia* de la performance, de la fiction scénique ; elle se définit par un travail d'attention de l'observateur (le spectateur cadre l'image et reconstruit du sens avec les autres membres du public). Ainsi, l'adhésion au faire-semblant, la surmodalisation du *comme si*, est contemporaine du moment de la réception : le geste du revolver et l'ironie produite sur scène sont saisis par l'observateur *in praesentia* au moment de leur émission. L'effet présentatif est compris dans le cadre de l'image. L'activité sensorielle du spectateur de théâtre, et sans doute sa *sémiose* sont, en fait, contemporaines de l'acte de production. Focalisation sensorielle, attribution de sens, différenciation, stabilisation s'opèrent à travers la définition de cadres, de « seuils » construits par le spectateur au moment de la production scénique.

On peut définir ainsi une stratégie métacommunicative : la présence de l'observateur au moment de la réception fonde la simulation théâtrale.

Le collectif d'énonciation (cf. question 14) porte sur le caché-montré, sur le travail collectif de destruction par le spectateur du continuum scénique, pour construire son propre montage, son prélèvement d'images au moment de la réception.

Certes, le spectateur exerce aussi une lecture linéaire : il va et vient du synchronique au diachronique. Le théâtre n'intègre pas les ordres sensoriels dans la formation du discours : la syntaxe linéaire (accompagnement constructif au fil de la représentation) est à tout moment remise en cause par des gestes tabulaires de nature parataxique. Le processus est de l'ordre de la rupture, obligeant le regard à saisir l'image scénique dans son moment d'autonomie surgissante.

Ceci nous permet de deviner en quoi les ordres sensoriels participent à la formation du discours. La question majeure ne procède-t-elle pas de l'attention portée au spectacle et des mises en seuils, sensoriels, affectifs, mais aussi sémiosiques, voire cognitifs qu'elle induit ?

Il arrive que pareille compétence productrice/réceptive soit, fortuitement ou non, figée dans le travail adaptatif. Lorsque Cocteau réalise la version filmée de sa pièce *Orphée*, il utilise à plusieurs reprises un procédé de filmage (il passe l'image à l'envers) qui accentue l'aspect fantastique des événements : ainsi les gants du personnage de l'ange semblent-ils enfilés automatiquement, comme par magie ; le procédé, qui rappelle les stratagèmes chers à Méliès, fixe un mode d'énonciation propre aux machineries théâtrales. En l'occurrence, c'est bien le regard parataxique du spectateur de théâtre qui se trouve construit et impliqué *en creux* dans le film.

La compétence fictionnelle, en revanche, dominante au cinéma, fonction dont le présupposé est l'identification, repose sur la distance de l'observateur par rapport au moment de la réception ; ce mode socio-discursif ouvre un monde possible au rythme des événements racontés auquel on croit et s'identifie.

La détermination du *comme si* s'opère au moment de la réalisation et non dans le processus de réception : le spectateur se fait happer par la psychologie du personnage, par les structures narratives, par les choix de caméra ; l'espace institutionnel du film règle par avance l'énonciation de l'ailleurs et assure l'identification.

Ainsi, la perception du jeu de l'acteur par le spectateur peut-elle évoluer, marquant l'écart entre production de sens réalisé et perçu : la présence de Sacha Guitry dans ses films apparaît aujourd'hui comme l'objet d'un regard documentaire alors qu'au moment de la réalisation son intervention était intégrée dans la socialité des personnages incarnés.

III
LES FONCTIONS DU THÉÂTRE AU CROISEMENT DU SPECTACLE VIVANT

Osons le pari : le chapitre qui suit confronte l'histoire du théâtre aux découvertes de la théâtrologie. L'idée n'est pas nouvelle et a souvent été actualisée sur le ton d'une rencontre entre le spectacle et la science ou la société. Lorsque Bernard Dort souligne l'importance de la mise en scène au vingtième siècle, il distingue trois courants hérités des savoirs du temps : le positivisme (Antoine), le matérialisme historique (Brecht), la sémiologie (Vitez).

Cette typologie traverse les oppositions classiques, qu'il rappelle, entre mises en scène naturaliste, symboliste, expressionniste, épique, théâtralisée (exhibant la convention), de non-représentation (ébranlant la fiction).

De la même façon la biomécanique de Meyerhold, sa recherche de la « plastique biologique perdue » est indubitablement adossée à la réflexologie de Pavlov, à la théorie périphérique des émotions de William James, aux théories darwiniennes, et plus particulièrement à l'intégration de l'émotion dans le comportement animal et humain. Quant à Stanislavski, sa dette à l'égard de la psychologie allemande a été abondamment commentée.

Il ne sera pas question, dans notre chef, d'accouplement acrobatique avec le discours scientifique, mais plutôt de pertinence du modèle énonciatif que nous avons essayé de mettre en place.

Nous n'envisageons pas davantage un survol historique exhaustif. À l'heure actuelle, d'excellentes histoires de la mise en scène (Roubine, 1990), d'anthologies d'esthétique (Borie-Rougemont-Schérer, 1982), de dictionnaires (Corvin 1995, Pavis 1996), de recueils de textes dramatiques rencontrent cette visée.

Tentons plutôt de déceler sommairement – sur le mode de l'éveil à l'inquiétude – comment émergent, à travers l'histoire de la dramaturgie, les mécanismes méthodologiques spécifiques du spectacle vivant. Commençons par fixer une ligne d'horizon au parcours : à travers quel questionnement s'est construit un savoir légitime dont se sont inspirées les croyances nourries par le contrat spectaculaire ?

26 *Pour une relecture des dramaturgies. Peut-on assigner une trajectoire commune aux arts vivants ?*

Théâtre

Hans-Thies Lehmann (Lehmann, 2002 : 45) met en évidence la corrélation entre la mise en cause du drame, entendu comme norme légitime de l'identité théâtrale, et la naissance de la conscience spectaculaire. Le tournant historique se situe pour lui au moment où l'énonciation théâtrale se divise, installe en creux le spectateur dans l'espace ouvert par l'affrontement de la mise en scène et du texte. Le choc est d'une amplitude considérable : le rapport entre la *mimesis*, l'action, les unités héritées d'Aristote s'effondre avec la modernité brechtienne. Le sujet éclate. Au-delà, c'est l'ébranlement du dialogue qui est symptomatique. « La théorie brechtienne indique implicitement qu'au théâtre, le message s'articule par la participation équivalente des éléments verbaux et cinétiques (gestus) et n'est plus exclusivement de nature littéraire » (*ibidem* : 43-44).

La relation au spectateur assumée par le gestus, puis par la gestuelle, puis par le corps, trace la voie d'un théâtre « postdramatique ». L'exhibition du processus de mise en signe et le rôle déterminant du spectateur constituent l'aboutissement de l'évolution, de la *catharsis* à l'« éloignement » brechtien et à l'ouverture.

Danse

La même trajectoire peut être repérée dans l'évolution de la danse.

Le ballet classique se caractérise par la recherche de bonnes formes : la technique de la *maestria* est au centre du jeu. On se souvient que la danse constitue d'abord un divertissement intégré à l'opéra. En 1760, Noverre prend conscience de la matérialité de l'art et évoque la nécessité d'un langage d'action. Cette première révolution accompagne la mutation de la conception des lieux : le théâtre à l'italienne entraîne un horizon d'attente qui permet au spectateur d'anticiper l'organisation de la chorégraphie.

Après la transition du XIXe siècle (Delsarte, Dalcroze, Laban), la danse moderne affirme la présence du corps, de l'effort. L'exhibition du processus installe en creux la posture spectatorielle dans le spectacle. La réception est perçue dans sa dimension kinesthésique (expressionnisme allemand, américain, Nijinski).

Cunningham (né en 1919) joue un rôle décisif dans l'émancipation de la danse en tant qu'instigation du sens. La diversité rythmique apparaît comme l'expression d'un décalage entre les systèmes signifiants : elle retravaille l'espace, rompt le lien de sujétion entre la musique et la danse et conçoit la performance comme enchaînement aléatoire des événements :

> Il faut rappeler encore l'étonnante perspective que la conception de Cunningham a ouverte à la danse. Pour la première fois elle s'énonce elle-même, pour sa moitié détachée de tout symbolisme et de tous référents extérieurs, elle se libère de l'emprise du sens pour la jouissance d'un corps dansant allégé de l'obligation de dire, et elle affirme la légitimité de ce corps rendu à nos pouvoirs propres, devenu son référent privilégié, à l'écart d'une temporalité imposée par un ordre musical ou narratif. (Febvre, 1995 : 21)

La danse postmoderne confirme cette évolution. « Dans le spectacle, l'ouverture à la multisensorialité, renversant la hiérarchique primauté de l'image, a mis l'accent sur d'autres aspects perceptifs de la danse. Les voies traditionnelles de transmission basées sur la mimétique, la reproduction d'un code et la marque d'un style dominant sont ainsi remises en question » (Kuypers, 1997 : 45).

Le mouvement est perçu dans son autonomie et signale l'effondrement des codes classiques : rupture de la gravité et des équilibres, décentralisation spatiale, kinesthésie, intégration de la parole dans le spectacle, inversion du regard vers le bas. La réception se transforme, devient empathie : le spectacle donne à voir et à partager l'expérience du corps.

La danse contemporaine est désormais faite de ruptures, de collaborations avec les autres arts. Elle revendique un statut de discours et place le spectateur au cœur de la création.

Danse-Théâtre

Si le théâtre et la danse intègrent progressivement dans le spectacle les conditions et circonstances de production du discours, la danse-théâtre annonce, au contraire, un certain retour de la signification, qui demeure cependant compatible avec la recherche spectatorielle des processus. Trois phénomènes se dégagent :

– les propositions d'images et de formes métaphoriques sont laissées à l'appréciation du spectateur. Le spectacle est un débrayage perceptif par lequel le spectateur fabrique de la fiction, même si (Wim Vandekeybus) la performance bloque cette fabrication. Pina Bausch parle de « perte de la qualité dansante du geste ». Le geste quotidien, accéléré, ralenti, répété remplace les postures classiques. Les systèmes signifiants sont nomades, principalement sensoriels;

– l'intégration d'effets et de stéréotypes clairement théâtraux : le costume, l'identification au corps, le rapport à l'intersubjectivité, le positionnement dans l'espace évoquent la fiction spectaculaire. Le rapport au spectateur se transforme : le spectacle intègre la voix, la dimension phonatoire, expressive, la parole simulée, le bruitage, l'interpellation du public. La post-dramatisation, au sens où l'entend Lehmann, est assumée. Ainsi, par exemple, l'utilisation de la chaise chez Pina Bausch s'affirme-t-elle comme citation explicite de Kantor et de sa théâtralité;

– la recherche des processus énonciatifs conserve toutefois son ouverture. Les trajets exhibent des tensions énergétiques, transmettent des sensations intérieures, sollicitent la proprioception. De ce point de vue, l'improvisation, l'exécution des mouvements, le collage/montage chez Bausch attestent le refus du sens définitif de la représentation.

Cirque

Dès sa naissance au XVIIIe siècle, le cirque incarne un spectacle dont la cohérence se veut *atextuelle*. Paul Bouissac le précise : « Tous les numéros de cirque ont en commun de s'inscrire dans un espace circulaire : la piste ou la coupole qui la surplombe [...]. La majorité des numéros que l'on observe dans un spectacle de cirque ont été conçus en fonction de cette contrainte topologique qui fait partie intégrante de leur code sémiotique ». La position centrale de l'acteur est tributaire de cette contrainte spatiale (Bouissac, 1979 : 59).

La matérialité de l'image circassienne réside aussi dans la présentation de l'exploit. La prouesse du virtuose, acrobate ou dompteur, est perçue comme telle, sans homogénéisation narrative immédiate (sauf exception que nous avons évoquée). « Le clown n'est pas seulement un personnage mais aussi un acteur dont il ne faut pas escamoter la performance » (Bouissac, 1971 : 291).

Comme la danse, le cirque propose des systèmes signifiants dont la matérialité et la plurisensorialité amènent le spectateur à associer les contrepoints : esthétiques visuelle, olfactive (odeurs d'animaux), musicale (orchestre et rythmes) entrent en dialogue. La dramaturgie globale s'efface au profit de l'autonomie tabulaire du numéro, ordonné par des entrées qui signent la convention. Pareil dispositif énonciatif n'est pas impensable au théâtre : *En d'autres termes*, de Transquinquennal, constitue une pièce muette mais le silence est perçu comme parole en creux, appuyé par des séquences audio et vidéo et par des acteurs qui cuisinent en scène et répandent des odeurs d'épices multiples.

Le nouveau cirque, tel le *Cirque du Soleil*, refuse toutefois globalement l'idéologie des premiers temps : on assiste à l'abandon de l'espace performatif, du risque, à l'intégration des arts voisins, au retour de la dramaturgie, à la mise en évidence du processus créatif autant qu'à la présentation des numéros. « Même si les intentions des concepteurs, cette vision du monde actuel qu'ils cherchent à rendre en dramatisant les numéros et les enchaînements, ne sont pas déchiffrables par le commun des mortels, on a l'impression d'assister à un opéra italien dans lequel les chanteurs auraient été remplacés par de beaux et jeunes athlètes tombés du ciel » (Dragone dans Boudreault, 1996 : 154).

27 *La problématique classique : quelle est l'importance de la question de l'acteur ?*

La figure de l'acteur occidental prend sens dans la culture qui la voit naître. Dans l'antiquité, la *mimesis* pèse sur le statut épistémologique de l'acteur. Au XVIIIe s'amorce un revirement décisif, marqué par les réflexions de Diderot sur le jeu et par la position de Georg Simmel sur l'acte physique et mental qui définit la relation entre le comédien et le personnage. Il faut attendre le XIXe siècle pour aborder la question de la place du comédien dans la représentation.

L'acteur grec, véritable incarnation dionysiaque, est censé se retrancher derrière son rôle mais pose déjà la question du faire-semblant. C'est la définition de l'effet spectaculaire qui oppose Platon et Aristote : Platon s'appuie sur les réactions émotives des spectateurs pour bannir les spectacles qui « nourrissent la partie irrationnelle de l'âme » et développent les passions. Aristote, en revanche, réhabilite l'émotion tragique et lui reconnaît une valeur éducative positive (Saïd, in Corvin, 1991).

Pour rappel, à la fin du livre II de la *République*, Platon établit un distinguo entre le *faux* « véritable » (présent dans le monde réel) et « fictif » (recréé artistiquement). La place du comédien dans la typologie platonicienne est précise : il n'est pas dans la nature des Idées, il ne crée pas la copie des Idées, mais il produit des simulacres d'apparences, de copies. Chez Platon, le théâtre est simulacre des apparences (« imitation de la semblance ») : privilégiant la *praxis* (interaction) par rapport à la *poiesis* (fabrication), la tragédie ne renvoie pas aux bons modèles à imiter. Dans le livre III de la *République*, le philosophe fait intervenir la différence entre trois formes de *lexis* (façon d'énoncer) : la *mimesis* (théâtre), la *diegesis* (récit) et un mode hybride. « Dans la composition poétique comme dans la composition d'histoires, il est une manière de faire qui procède entièrement par imitation. C'est comme tu le dis, le cas de la tragédie et de la comédie ; une autre qui procède par la relation qu'en fait le poète ; c'est ce qu'on trouverait surtout dans les dithyrambes ; une autre enfin qui procède par l'une et par l'autre dans la poésie épique et dans bien d'autres endroits encore » (Platon, 1993 : 394 b-c).

Aristote réhabilite le spectacle. Derrida a des mots justes à ce propos : « Qu'il condamne ou non l'imitation, Platon pose la question de la poésie en la déterminant comme *mimesis*, ouvrant ainsi le champ dans lequel la poétique d'Aristote, tout entière commandée par cette catégorie, produira le concept de littérature qui règnera jusqu'au XIXe siècle » (Derrida, 1978 : 173). Dans la *Poétique*, la notion de *mimesis* subit une transformation sémantique et se rapproche de la notion de représentation; elle est consubstantielle de la *catharsis* qui désigne l'émotion du spectateur. On sait à quel point (cf. notre chapitre I) cet appareil esthétique influencera le XVIIe siècle français et italien.

En outre, Aristote considère, contrairement à Platon, que la représentation, la *mimesis*, s'apparente à la *poiesis*, activité profondément ancrée dans la nature humaine. Les arts, et en particulier ceux fondés sur la *mimesis*, permettent à l'homme de se structurer. Les prémisses d'une fonction spectaculaire qui serait la trame de l'individu sont ici esquissées. Aristote fixe d'ailleurs comme condition de validité (de *mathesis*) le fait que la représentation doit avoir pour objet la *praxis*, c'est-à-dire l'action dans la cité. Loin d'être copie de copie, le théâtre est imitation d'actions.

La *mimesis* de l'action ou tragédie comprend six composantes énumérées au chapitre IV de la *Poétique* : « C'est l'imitation d'une action qui est sérieuse, complète, d'envergure, en laquelle la parole a été rendue attrayante, usant de ses moyens séparément (tantôt chant, tantôt dialogue), et de personnages agissant plutôt que de narration, et accomplissant la purification de ces modes du pâtir que sont la peur et la pitié à travers une séquence qui les inclut » (Aristote, 1995 : 39).

Hegel sera le premier à délaisser l'hypothèse aristotélicienne d'un *pathos* universel, répercuté par le théâtre, pour interroger le processus qui définit le rapport singulier au rôle, questionnement en terme d'adéquation, d'incarnation talentueuse. Cette problématique prend chez Diderot une tournure plus sémiotique : *Le paradoxe sur le comédien* aborde pour la première fois la dissonance entre la conscience du jeu de l'acteur et la fictionnalité du personnage représenté.

Le présupposé fondateur de la conscience spectaculaire est abordé chez Diderot à travers trois propositions issues de la cri-

tique du naturalisme mais dont les deux dernières, critiquées par Jouvet et Copeau, ouvrent des pistes qu'empruntera Stanislavski :
– le métier permet d'améliorer les dons naturels et d'imiter les grands modèles,
– la raison doit maîtriser la sensibilité (« le diaphragme »),
– la mémoire permet d'améliorer le jeu et les effets de représentation en représentation.

La fracture de l'acteur « posé comme identité, aux prises avec l'altérité d'un rôle », intuition présémiologique de la double énonciation, se retrouve au centre de *La Philosophie du comédien* de Georg Simmel. Si la préoccupation de Simmel ne déplace pas l'enjeu du débat, lequel demeure conditionné par une définition du jeu soumise au sens du rôle, elle introduit toutefois un paramètre supplémentaire : l'œuvre. Expression de la relation entre l'œuvre et le comédien, l'interprétation se transforme en rencontre entre la liberté du sujet et la concrétisation d'un contenu. Dialogue qui laisse au comédien son autonomie et son importance : « Le comédien ne fait pas de l'œuvre d'art une réalité [...] mais à l'inverse, il fait de la réalité que l'œuvre lui a imposée une œuvre d'art du comédien » (Simmel, 2001 : 93).

Ces théories de nature esthétique vont être relayées au XIXe siècle par la prise de parole des gens de théâtre. En un premier temps, le comédien occupe une place centrale : c'est l'époque où la rhétorique gestuelle, la déclamation prennent le pas sur les autres discours et notamment sur l'intégration dans la troupe. La légitimation du comédien, assortie à la reconnaissance sociale du monstre sacré, et le développement du mécénat soulignent bientôt la nécessité pour le théâtre de se définir par rapport au spectateur. L'avènement de la mise en scène au XXe siècle invitera à repenser les systèmes signifiants et le rapport au texte dans la représentation.

La théâtrologie et le regard à la fois pluridisciplinaire et conjoint que porteront théoriciens et praticiens modifieront le cours des investigations appelées à englober désormais la mise en scène, la réception, les processus de signification.

28 *L'autonomie de la représentation. Comment se développe-t-elle ?*

Trois étapes vont signer l'évolution ultérieure de la recherche dramaturgique : l'émancipation du processus de la représentation, le refus de la convention spectaculaire comme donnée, la réflexion sur les contraintes déterminant l'énonciation.

C'est l'affirmation de la mise en scène, des métiers de scénographe et de dramaturge qui fait figure de principe organisateur : vision du monde et systèmes de signification sont désormais articulés. Le rythme n'a plus pour fonction de jouer juste mais de provoquer les sens, de faire percevoir la production des signes; l'espace ébranle la genèse de la signification; l'essentiel est de faire sentir comment le discours est construit et à qui il s'adresse. Cette autonomie s'affirme progressivement au XXe siècle à travers le discours des gens de scène et va amener ceux-ci à briser les codes classiques et le rapport référentiel à l'identité, à la société, à la tradition.

Depuis Antoine, la mise en scène est une œuvre. Elle puise son indépendance dans le fait que l'interprète, le matériau scénique et l'espace constituent des faits de discours organisés dans un système donné à voir par un metteur en scène affranchi des styles et contraintes du réel. La protestation contemporaine de Koltès (Koltès, 1990) est symptomatique de cette volonté de conquérir la liberté d'invention des codes. « ... à une répétition en Italie vous découvrez que le rôle d'Alboury est joué par un Blanc. Ou bien ailleurs on vous dit : le problème chez nous, ce n'est pas les Noirs. C'est les Turcs. Vous protestez faiblement en disant je n'ai pas écrit un problème mais un personnage [...]. J'ai le sentiment d'entendre un metteur en scène me dire : je monte votre pièce mais je vous préviens : pas question d'avoir un théâtre ou des comédiens. Alors pourquoi la monte-t-il ? Les règles du monde changent de sens : état-civil, distinctions d'âge et de sexe peuvent être permutés au gré de la réplique, c'est le cœur même de la théâtralité qui l'impose ».

Les *Gender Studies* (discipline qui étudie la représentation de l'identité, notamment sexuelle, dans le domaine culturel) soulignent le parallélisme entre l'ouverture des systèmes de signes scéniques et la contestation des systèmes de référence. Il a été démontré, par exemple, que l'histoire de la danse combine progressivement une identité performative (l'identité sexuée est définie par la performance dansée et non par une norme intériorisée) à l'exploitation du corps comme matériau dramaturgique. Du culte de la ballerine, image féminine éthérée connotée par la danse sur pointes, à la réintroduction du danseur masculin chez Diaghilev, Nijinski ou Balanchine, l'interaction fige la « *gender difference* ». Il faut attendre Forsythe pour considérer le corps comme une partition, bouleverser les cadres référentiels et briser les habitudes spectatorielles.

La marque de la convention s'accompagne d'une réflexion sur le contexte qui en détermine l'énonciation. Une mise en scène peut, pour mettre à distance le processus énonciatif, se transformer de fond en comble et modifier entièrement ses constituants. Giorgio Strehler a inauguré le Picolo Teatro en y jouant en 1947 la pièce de Goldoni *Arlequin serviteur de deux maîtres*. Depuis, plus d'une demi-douzaine de variantes issues des mises en scène successives de la même pièce ont permis au metteur en scène de construire des œuvres différentes, le niveau de pertinence se situant précisément dans le croisement entre croyance et savoir fondateurs de la convention : si le premier Goldoni était ludique, le deuxième était empreint de la distanciation brechtienne et appelait un spectateur sensible à la confrontation avec le réel ; le dernier, quant à lui, offre un spectacle qui questionne le théâtre et exploite la dénégation.

La concrétisation du texte est devenue une création strehlerienne et pose la question du lien entre la mise en scène, la promenade interprétative du spectateur et le projet d'auteur.

29 *Quelle est la place du spectateur ?*

Le lien qui unit acteurs et spectateurs représente une donnée permanente de l'histoire du théâtre et constitutive du contrat spectaculaire. L'acteur occupe la première place, mais celle du spectateur est essentielle. Quelle que soit la période et la forme de spectacle, la place du spectateur ne se réduit pas au siège qu'il occupe.

Certes, il se trouve là, installé dans son fauteuil, debout ou en déambulation mais en même temps il est ailleurs, dans un autre espace défini à partir de l'action scénique et dans la connivence avec la réinvention du monde. Le temps de la représentation, l'espace d'une représentation, l'identité référentielle du spectateur s'estompe, supplantée par d'autres, parfois imprévues.

La place du spectateur dans le processus de représentation a beaucoup évolué.

À la Renaissance, l'ordre à l'italienne organise la scène en fonction du regard d'un spectateur privilégié. C'est l'œil du Prince-Mécène, assis au milieu de la première rangée, qui *aimante* la scène : la perspective se construit par rapport à lui, le point de fuite, le trompe-l'œil trouvent leur origine dans cette contrainte.

Dans cette perspective, le spectateur reste ce déchiffreur, cher à Roland Barthes, extérieur à la représentation et qui assume son statut symbolique d'observateur. Embrayé/débrayé par rapport à l'énoncé, sous les feux de la rampe ou plongé dans l'obscurité de la salle, il dialogue avec la scène et avec ceux dont il croise l'attention et l'écoute. Une forte dissymétrie dynamise son équilibre en fonction de la hiérarchie des places, des postes d'investigation. Le spectateur de la corbeille cour regarde plutôt en témoin complice, celui de la corbeille jardin en destinataire caché (Mervant-Roux, 1998). Sa compétence spectaculaire est déterminée. Parfois, le spectacle l'invite à épouser la perception d'un spectateur du passé (à la façon de la *commedia dell'arte*) ou d'un spectateur de cinéma (l'utilisation du ralenti chez Bob Wilson ou chez Adamov). Les règles du jeu imposées aux acteurs guident ses stratégies : pas de plateau vide, pas de jeu de dos, le comédien doit jouer les mains en l'air, la voix doit porter loin, etc. Longtemps dans l'histoire du théâtre français, le public fut réticent à focaliser l'attention ailleurs que sur le visage des comédiens : la variété des mouvements et postures, le volume et le jeu des muscles, le dialogue de membres dans l'effort ne sont assumés qu'à partir du moment où la mise en scène s'émancipe. Stanislavski à propos de Duncan : « La première apparition de Duncan sur la scène laissa le public froid. N'ayant pas l'habitude de voir sur les planches un corps à peu près nu, nous avions du mal à discerner et à comprendre ce qui était vraiment l'art de la danseuse » (Stanislavski, 1934 : 412).

Le spectateur n'est pas seulement un être émotif ou cognitif à qui on cache le sens. Il est aussi une figure inscrite dans l'énoncé (un *spectateur modèle*). Chez Brecht, il est un ensemble d'attentes cognitives contenues dans l'œuvre même.

Reste le phénomène du *regarder ensemble* (Helbo, 2006 : 26) intégrant la perception spectaculaire évoquée précédemment et qu'on appelle le public. Cet actant sociologique émane aussi d'une construction des gens de scène. La salle n'est ni unifiée ni stable. Pour les acteurs européens, l'essentiel de l'interaction théâtrale ne transite pas par le canal visuel puisque la tradition à l'italienne plonge le public contemporain dans l'obscurité, mais par le canal auditif : le *regard* de la salle *s'entend*. Dans les applaudissements, dans les silences, le souffle, les toussotements, les réactions en contrepoint ou à contretemps, l'échange a lieu pendant le déroulement du jeu et touche au rythme, à la tonalité ou à l'intensité des séquences dramatiques.

30 *Y a-t-il du spectaculaire caché dans le spectacle ?*

La prise en considération du spectaculaire et celle de la création comme discours traversent l'histoire de la dramaturgie sous diverses formes :

– Le travail sur la frontière entre le monde naturel et sa réinvention. Grotowski évoque des acteurs chinois, construisant stylistiquement la forme réaliste d'un texte d'Ostrovski, et dégageant le processus que les spectateurs habitués au code réaliste auraient considéré comme naturel. Les dramaturges se sont progressivement efforcés de comprendre l'artificialité du signe théâtral : ils ont choisi, pour ce faire, de mettre à distance les savoirs qui nourrissent la relation entre la scène et l'assistance. Certains (Artaud, Brook, Mnouchkine, Grotowski, Barba, Wilson) opèrent cette démarche en tentant de faire affleurer les fondements de leurs traditions au contact des autres cultures : le spectacle interculturel, multiculturel, transculturel tente ainsi de capter le regard de l'autre pour repenser ses codes spécifiques propres. C'est le projet que poursuit aussi Maurice Béjart dans le domaine de la chorégraphie. D'aucuns visent le même objectif à partir de mises en perspectives plus historiques que géographiques. Meyerhold, Dario Fo, Kantor, Vitez dialectisent leur pratique en confrontant celle-ci à des états historiques antérieurs ou à d'autres manifestations esthétiques au sein de leur propre culture : la *commedia dell'arte*, la postmodernisation des grands classiques, la pantomime, les expériences illustres des arts plastiques permettent alors de repenser les habitudes énonciatives, le mode de création, l'apprentissage et l'invention des formes.

Dans les deux cas, il s'agit de retrouver l'essence même de la convention spectaculaire; il importe de mettre à nu cette frontière invisible, masquée par les dispositifs dominants, qui sépare le spectacle et ses marges, voire qui cautionne les clivages entre les différentes mises en œuvre esthétiques. La preuve en est que le recours au contact de cultures sert généralement soit à altérer certains dispositifs occidentaux de la représentation (poids de la narrativité, conception de l'image, jeu, codes rhétoriques), soit à modifier le cadre de l'événement spectaculaire occidental (cérémonie, performance, traitement des sensations, relation au spectateur).

– La refondation des codes de la scène à partir d'Antoine provoque une prise en charge de la culture théâtrale transmise par des processus d'intériorisation des styles, techniques corporelles, vocales et des choix scénographiques. Un ensemble de règles de conduite, de normes de jeux sont intégrés et perdurent ou non à travers les citations, les héritages légitimes, les rapports de maître à disciple. Cette mise en référence concerne aussi l'identité culturelle qui inspire les styles et archétypes de jeu. Il est donc intéressant de souligner aussi la charge connotative des préoccupations qui incitent Copeau, Vilar, Appia, Craig, Meyerhold ou Stanislavski à expliciter les questions du jeu et de son environnement scénographique. À travers des réponses contrastées, privilégiant les passions ou la rhétorique du comédien, l'enjeu revient à circonscrire de manière de plus en plus serrée la *double énonciation* qui oppose le geste spectaculaire à celui du quotidien.

– La mise en scène inscrit le commentaire (gestuel, corporel, scénique) dans sa production, se situe en position de métadiscours. Présentation d'un processus, la pratique développe une certaine porosité au discours critique qu'elle n'hésite pas à assumer, redoublant de la sorte la définition de ses marges spectaculaires. Cette tendance à commenter les langages de la tradition (Planchon, Vitez), de sa culture (Copeau, Vilar) ou d'autres cultures (Brook, Lecoq, Wilson, Schechner, Mnouchkine) traverse progressivement la modernité, entendue comme quête du « spectaculaire perdu ». La remarque que fait Jacques Lecoq à propos du mime peut être généralisée à l'ensemble de la cohérence historique que nous espérons dégager : « L'art du mime n'est pas fondamentalement séparé de celui du théâtre ou de la danse. S'il y a eu clivage, c'est parce que le théâtre a perdu, sans s'en rendre compte, son vocabulaire du mouvement. Aujourd'hui, la démarche spectaculaire retrouve son lexique et le mime en bénéficie. Le mime a été le gardien des codes du mouvement et du silence perdus par la dramaturgie au contact du langage verbal » (Lecoq in Pavis, 1996 ter : 141).

31 *Comment le discours spectaculaire sur le réel prend-il naissance ? (Antoine, 1858-1943)*

La place d'Antoine dans l'histoire de la mise en scène est celle du naturalisme. On cite volontiers son souci du détail, sa volonté se substituer le milieu au caractère. Ses quartiers de bœuf saignants ou le mobilier de sa famille exposés sur le plateau sont dans toutes les mémoires. Son souci de l'éclairage et du bruitage (cf. Stanislavski et les cris d'oiseaux introduits dans la scénographie) font partie des stéréotypes naturalistes, même si chacun convient que le procédé importe moins que son usage : on sait, par exemple, que la lumière ou le son peuvent sursignifier et devenir contrepoint émotionnel.

C'est dans cette optique qu'on attribue à l'auteur de *Causerie sur la mise en scène* (1903) la paternité de la théorie du quatrième mur, censé symboliser le partage par la scène et la salle d'un même univers référentiel, celui du monde quotidien. La formule désigne plus exactement un point de vue adopté ensemble sur l'image de cet univers : « Il faudrait l'établir d'abord, d'après une chose vue, paysage ou intérieur; il faudrait l'établir si c'est un intérieur, avec ses quatre faces, ses quatre murs sans se soucier de celui qui disparaîtra plus tard pour laisser pénétrer le regard du spectateur. [...] Sentez-vous combien, ce premier travail effectué, il deviendra commode et intéressant, après avoir examiné ce paysage ou cet appartement sous toutes ses faces, de choisir le point exact où devra se faire la section qui nous permettra d'enlever le fameux quatrième mur, en maintenant au décor son aspect le plus caractéristique et le plus adéquat à l'action » (Antoine, 1903 : 604).

Réévaluée en termes énonciatifs, la vision d'un monde vériste d'Antoine semble avoir été tenue un peu hâtivement pour acquise sans nuances par certains historiens.

Le réalisme d'Antoine est celui du simulacre de réalité, du calque de réel : il cherche à instaurer des codes indispensables à l'adhésion du spectateur. Ce qui est donné dans l'espace théâtral, ce n'est pas le reflet du monde, mais le reflet d'une image. La référence se fait à un monde repensé selon la fiction conventionnelle et dans le cadre d'une culture et d'un code. L'espace scénique chez Antoine renvoie moins à des espaces concrets connus, définis, adéquats, qu'au fantasme d'une reconstitution minutieuse du réel. En d'autres mots encore, le directeur du *Théâtre Libre* espère créer les conditions d'un investissement du spectateur dans la représentation sur le mode imaginaire. Au-delà du *quatrième mur*, l'enjeu du rapport frontal est l'intégration du public. Comment montrer, représenter, que proposer, comment interroger, déranger, reproduire le réel ? La séparation scène-salle n'est pas en soi porteuse de sens. Il faut « nuancer l'idée répandue que la scène fermée est une machine à produire de l'illusion qui se perfectionne sans cesse : il apparaît en effet que la théâtralité, à l'intérieur même d'une telle structure, a constamment tendance à resurgir » (Roubine, 1980 : 96).

Dans *Causerie sur la mise en scène,* Antoine écrit : « Quand pour la première fois j'ai eu à mettre un ouvrage en scène, j'ai clairement perçu que la besogne se divisait en deux parties distinctes : l'une toute matérielle, c'est-à-dire la constitution du décor servant de milieu à l'action, le dessin et le groupement des personnages ; l'autre immatérielle, c'est-à-dire l'interprétation et le mouvement du dialogue. Il m'a donc paru d'abord utile, indispensable, de créer avec soin, et sans aucune préoccupation des événements qui devaient s'y dérouler, le décor, le milieu. Car c'est le milieu qui détermine les mouvements des personnages, et non les mouvements des personnages qui déterminent le milieu » (Antoine,

1903 : 603-604). À travers la question du réalisme, Antoine pose donc de multiples questions :
– celle du milieu qui se substitue à l'espace scénique, qui fait de ce dernier un partenaire significatif de la représentation ;
– celle du va-et-vient entre perception de l'effet de réel et de l'effet théâtral. Le *quatrième mur*, le cadre de la scène isolent une portion du monde et le rendent significatif : à la fois fragment de réel et icône artificielle. Sur scène, le signe est à déchiffrer comme iconique (du monde) et plastique (de la scène) : par le fait d'être prise dans l'image, la chose perd de sa réalité, elle est objet de *focalisation*. C'est la distance constitutive du cadre de scène qui assure au spectateur l'accès au monde de la représentation : la scène fait surgir des images fantasmées (différentes de l'objet du fantasme), images d'un monde vécu et intensifié, à la façon de la *pensée visuelle* de Freud. La convention réaliste n'en est pas moins médiation entre deux imaginaires : ceux de la scène et du spectateur ;
– celle de l'iconicité et de l'*interprétant* : si Antoine entend exhiber sur scène un point de vue sur le réel, il interroge à rebours la réalité de notre perception du monde.

Prétendre que le lieu devient milieu, qu'avant toute représentation chaque spectacle appelle un contexte spatial qui lui soit propre, revient à poser la question du choix dramaturgique. Cela implique que l'objet, le mouvement, le corps tiennent lieu de réel : ils ne sont pas le réel, ils ne ressemblent pas au réel, ils sont de la même classe que le réel. Le mobilier d'Antoine exposé sur scène cumule les sens d'un décor référentiel et d'un décor de théâtre.

Notre réception du quotidien et celle du théâtre sont-elles du même ordre ? Véritable question énonciative.

32 *Comment les questions de la partition et du collectif d'énonciation sont-elles appréhendées par les praticiens ? (Stanislavski, 1863-1938)*

L'attitude stanislavskienne se définit comme une tentative de lier pratique théâtrale et questionnement sur le jeu de l'acteur :

« Stanislavski est bel et bien l'auteur du coup de force qui a installé pour le siècle les interprètes dans une position précaire. Son travail d'acteur, de metteur en scène pose la question de l'apparition-disparition de l'interprète; cette aporie doit être précieusement sauvegardée : les tentatives de la résoudre sont moins avancées que les difficultés conceptuelles et les affres existentielles qu'elle suscite » (Pidoux 1989 : 102).

La critique stanislavskienne va porter sur « le théâtral, voilà le grand ennemi du théâtre, et je vous invite à le combattre par les moyens les plus radicaux. Par sa banalité, le théâtre détruit l'harmonie [...]. À bas le théâtre! Vive l'harmonie! » (Stanislavski, 1907 : 756).

Visant le faire-voir authentique de l'acteur endossant son personnage, Stanislavski s'en prend aussi au voir-faire que suppose la convention et réclame une disponibilité, une identité spécifique : « N'entrez jamais au théâtre avec des pieds boueux. Laissez votre poussière et votre boue à l'extérieur. Mettez au vestiaire, en même temps que votre pardessus, vos petits ennuis, vos chamailleries, vos difficultés mesquines, toutes ces choses qui ruinent votre vie, et qui détournent votre attention de l'art » (Stanislavski, 1984 : 281-282).

La Formation de l'acteur (1926) repose sur des hypothèses, prolongées dans *La Construction du personnage*, suggérant des recommandations *sémantiques* à l'acteur. La *psychophysique* (techniques intérieures et extérieures du comédien) résulte d'une conscience de la situation théâtrale, de la convention, du contrat. L'objet de la démarche peut être désigné par ce faux oxymore : l'artificialité du signe théâtral et sa référence au réel, au vécu. On peut résumer ainsi les quatre thèmes sur lesquels s'articule le « système » :

– vivre le rôle : l'expression de l'inconscient dépend du conscient. Pour émouvoir le spectateur, il faut arriver à reproduire le vécu, « arriver à assimiler une technique psychologique qui consiste à vivre son rôle [...] de l'exprimer sous une forme esthétique et artistique » (Stanislavski, 1958 : 27). Ceci n'est possible que par un travail physique et vocal;

– le « si magique » : pour permettre au conscient d'éveiller l'inconscient, de faire émerger les émotions liées au rôle, il faut reconstituer les circonstances qui ont suscité l'émotion, concrétiser la situation. « Imaginez que vous devez jouer une scène de ce conte de Tchékhov, dans lequel un fermier, un peu innocent, en allant à la pêche dévissa un boulon de rail pour lester sa ligne. Il fut jugé et condamné sévèrement. Si celui qui doit jouer le rôle du fermier a du talent, il vous prouvera par son jeu qu'il n'a absolument pas conscience de sa culpabilité [...]. Les circonstances amenées par le si proviennent de sources proches de vos propres sentiments, et ont une puissante influence sur la vie intérieure de l'acteur. Dès que vous aurez établi ce contact entre votre vie et votre rôle, vous éprouverez cette impulsion intérieure, ce choc. Ajoutez-y toutes sortes de réactions éventuelles appuyées sur votre expérience de la vie, et vous verrez combien il vous est facile de croire sincèrement à l'existence de ce que vous êtes en train de faire sur scène » (*ibidem* : 58) ; « La création commence au moment où le si magique surgit dans l'imagination de l'acteur [...]. La vérité scénique, c'est ce en quoi croit sincèrement l'acteur. Le plus bas simulacre ne devient art que s'il devient d'abord vérité » (Stanislavski, 1934 : 210-211). C'est par l'attention scénique que les actions élémentaires sont recréées :

– la mémoire affective : le travail du comédien consiste à rendre les émotions répétables, à choisir et à contrôler celles-ci, à puiser dans le creuset des objectifs et circonstances, initialement imprévus, élaborés pour le rôle, et qui constitue la mémoire affective. « Deux hommes avaient été surpris par la marée et s'étaient trouvés sur un rocher. Après leur sauvetage, on leur demanda quelles avaient été leurs impressions. Le premier se souvenait très exactement de chacun de ses gestes, où ils étaient passés, les rochers qu'ils avaient escaladés, etc. L'autre n'avait aucun souvenir du lieu : par contre, il se rappelait tous les sentiments ressentis : plaisir, appréhension, crainte, espoir, doute et enfin panique (le voyageur réfugié). La mémoire affective permet de dépasser la situation du moment pour revivre, comme le fait le deuxième homme, les sentiments éprouvés » (*idem* : 153) ;

– la relation texte/émotion/action physique : entre la vie affective et les actions physiques élémentaires se créent des relations significatives. « C'est en voulant véritablement physiquement essuyer le sang de ses mains que Lady Macbeth en est venue à exécuter ses projets ambitieux. Ce n'est pas par hasard si, tout au long de son monologue, cette tache lui revient à la mémoire, liée dans son esprit au meurtre de Duncan. Ce simple geste comporte un sens extraordinaire. Il exprime à lui seul tout le drame intérieur, qui cherche ainsi une issue » (*idem* : 141). On le sait, cette technique aura beaucoup d'influence sur le théâtre contemporain : lorsque Vitez met en scène *La Mouette* de Tchékhov (Théâtre National de Chaillot, 1984), il fait de Borkine, l'intendant incarnant la classe dominante, un personnage qui froisse et répand à terre les papiers qu'Ivanov avait soigneusement rangés. C'est une façon de représenter par le geste « la salissure qui va détruire le monde, balayer les petits sanctuaires préservés de la virginité du monde » (Vitez, 1981 : 132).

Stanislavski développe une approche sémantique de la représentation à partir de sa segmentation. Les notions stanislavskiennes permettent de procéder à un découpage du spectacle en « épisodes » ou « séquences » (Stanislavski, 1979 : 119-134) d'événements qui forment les segments majeurs de la pièce. À l'intérieur de ces séquences, « les divers éléments (gestes, texte, voix) se regroupent, se renforcent, se distancient, en formant un ensemble cohérent et pertinent, susceptible ensuite de se combiner avec d'autres ensembles » (Pavis, 1996bis : 60). Chaque séquence, précise Stanislavski, contient un « objectif » qui constitue une partie organique de celle-ci et qui, par ailleurs, fait office de lien par rapport à l'ensemble de la pièce. Les objectifs des différentes séquences convergent vers le « super-objectif » censé catalyser « toutes les inventions, les pensées, les sentiments et les actions de l'acteur » (Stanislavski, 1979 : 269). Se dégage alors une « ligne d'action principale » ou « continue » (*ibidem* : 272), « qui guide l'acteur d'un bout à l'autre de la pièce » (*ibidem* : 125). Le jeu de l'acteur offre le « point de passage de toute description scénique », la « courroie de transmission » entre le texte de l'auteur, les directives du metteur en scène et l'écoute du spectateur (Pavis, 1996bis : 54).

La « partition » du spectacle procède du super-objectif de l'auteur. L'auteur du texte dramatique est celui qui définit le super-objectif, même si la lecture du metteur en scène peut modifier celui-ci.

Au centre du système s'impose la relation dialectique entre les instances scéniques et ce qui s'exprime dans l'esprit et le corps des spectateurs. Pavis établit l'analogie entre les concepts stanislavskiens de partition et de « sous-texte ». La partition désigne la part perceptible d'une représentation, alors que le « sous-texte », traduit aujourd'hui par le terme plus ouvert de « sous-partition », renvoie à la dimension cachée de la représentation actualisée par le spectateur. Concrètement, la partition définit la mise en œuvre du *texte spectaculaire* (au sens de texture des matériaux du spectacle) en fonction du super-objectif. La sous-partition correspond à « l'ensemble des facteurs situationnels » (relatifs à la situation d´énonciation) et des « savoir-faire techniques et artistiques » sur lesquels les acteurs s'appuient lorsqu'ils réalisent la partition (*ibidem* : 91) et que le spectateur va activer et faire vivre. Ainsi, par exemple, le choix opéré par Chéreau de faire dire le monologue d'Hamlet en présence du groupe, crée une partition née de la configuration collective, et qui mobilise une sous-partition spécifique (à savoir le présupposé selon lequel la dynamique de l'ensemble donnent sens au discours de l'individu). En d'autres termes, la sous-partition couvre le travail souterrain qui sous-tend l'action scénique, les idées, émotions, images qui la nourrissent et que le dialogue avec le spectateur fait affleurer.

Ces deux concepts ne sont pas clairement différenciables dans l'événement de la représentation qui ne peut se manifester que dans la perception du spectateur. Ils éclairent ce que nous avons appelé le *collectif d'énonciation*.

33 *Quel est le statut du corps dans la dramaturgie? (Meyerhold, 1874-1942)*

Le terme *scenovedenie* utilisé pour la première fois par Meyerhold est généralement traduit par *scénologie*. Il désigne la science du spectacle qui englobe la dramaturgie, la scénographie, le jeu et la mise en scène (on parle aujourd'hui de théâtrologie). Cette approche intégrée, originale, fait entrer de plain-pied dans l'approche des systèmes de signes qui composent le fait théâtral.

C'est dans cette perspective que ses pairs vont évaluer l'héritage de Meyerhold : Brook le compare à Shakespeare. Jouvet (1930) considère qu'il incarne par excellence l'idée qu'on peut se faire du metteur en scène.

Meyerhold distingue deux types de théâtre.
Le premier s'inscrit dans un modèle de communication triangulaire rassemblant l'auteur/metteur en scène, l'acteur et le spectateur. Le metteur en scène dirige les acteurs afin que « son projet soit reproduit exactement et totalement dans ses détails, jusqu'à ce qu'il entende et voie la pièce comme il l'a vue et entendue seul [...]. L'art de l'acteur est tel qu'il lui incombe une tâche plus importante que celle de faire connaître au spectateur le dessein du metteur en scène » (Meyerhold, 1973 : 111-112).
Le second, dit horizontal, confronte deux chaînes vectorisées en sens inverse : opposant l'auteur, le metteur en scène dont l'acteur est le délégué d'une part, le spectateur de l'autre. Pareille optique permet à l'acteur d'accomplir sa mission : « Il va dévoiler son âme librement devant lui, accentuant de cette manière l'action réciproque entre deux éléments fondamentaux du théâtre : le comédien et le spectateur » (*ibidem* : 112). La biomécanique entraîne l'acteur pour qu'il puisse s'exprimer dans son face à face avec le spectateur : l'improvisation, le rapport aux autres lui permettront d'exploiter son corps pour en tirer les actions pertinentes.

L'intelligence du corps constitue la pierre angulaire du système organisé en dialogue avec l'environnement. L'acteur maîtrise son corps : physiologie et psychologie sont en adéquation.

> Dans les autres arts, le matériau est extérieur au créateur, il se produit en quelque sorte une certaine lutte entre un sujet et un objet. Tandis que dans l'art scénique, l'acteur travaille sur un matériau qui est en lui. Cette espèce de dédoublement oblige à porter une attention toute particulière au centre, c'est-à-dire au cerveau de l'acteur. L'acteur en scène doit se dédoubler sans cesse, et sentir clairement en lui-même le matériau passif (ce sur quoi il travaille) et le matériau actif (ce qui travaille le matériau passif). (*ibidem* : 93)

Le mouvement, conçu comme un paramètre non naturaliste, se voit abordé en termes de partition musicale; détaché de toute référence au geste quotidien, il est segmenté en phases rythmiques :
otkas : préparation par un mouvement dans une direction contraire,
posyl : exécution du mouvement dont on a l'intention,

stoika : point d'ancrage final du mouvement, fixation (mais non pause) qui permet la transition dynamique vers un autre mouvement :
tormos : le principe de *tormos* (rupture) permet de contrôler l'énergie et d'accomplir le geste visé au terme de la dynamique,
rakurs : certains *rakurs* (*transitions*) sont ménagés dans un projet cinétique global qui implique aussi la relation à l'autre ;
le *daktil* (terme inspiré de la métrique) évoque le signal au partenaire, l'appel à l'attention de l'autre, pour prolonger ou répercuter le mouvement.

On trouvera dans cette approche l'influence darwinienne. Trois principes sont exposés en 1872 par Darwin dans *The Expression of the Emotion in Man and Animals* (Darwin, 1899) :
– l'association des habitudes utiles (serviceable associated habits) : le geste gratifiant dans une situation psychologique d'inhibition (le gratteur est soulagé par son action face au malaise qu'il ne peut résoudre),
– l'antithèse : l'action inutile dans une situation inadaptée (le cliché théâtral),
– le dispositif énergétique entraîne des modifications organiques involontaires et perceptibles.

Bien qu'il ne conteste pas globalement le circuit de communication intentionnel qui trouve son origine chez l'auteur, Meyerhold privilégie une approche plus matérialiste de l'événement spectaculaire. Il s'intéresse à l'échange entre production et réception dans la dynamique de l'événement. Le principe de délégation permet d'absorber l'avant-spectacle dans la performance de l'acteur et le travail de la représentation.

Meyerhold revendique un théâtre de la *convention consciente*, extraordinairement prémonitoire par rapport aux théories contemporaines : « La rampe abolie, le théâtre de la convention consciente abaissera la scène au niveau de l'orchestre. Et comme la diction et les mouvements de ses acteurs sont fondés sur le rythme, il contribuera à restituer la saltation [...]. Le metteur en scène de ce théâtre se borne à guider l'acteur au lieu de le gouverner [...]. Il se borne au rôle d'un pont entre l'âme de l'auteur et celle de l'acteur [...]. L'acteur s'affranchit du metteur en scène, comme celui-ci s'affranchit de l'auteur [...]. Il ne tient compte des indications de l'auteur que dans la mesure où celles-ci débordent les servitudes techniques. Enfin, après l'auteur, le metteur en scène et l'acteur, la méthode de stylisation suppose au théâtre un quatrième créateur : le spectateur » (Meyerhold, 1963 : 30).

Le spectateur a une vision de tableau; sa participation est active. L'acteur incarne rythme, diction, mouvement plastique plutôt que vécu. Meyerhold s'inspire clairement d'un théâtre vivant dont les modèles sont la *commedia dell'arte*, le théâtre japonais, le spectacle forain et la pantomime. Il n'hésite pas à affubler les acteurs d'un uniforme, la redingote noire, qui casse l'identification à la passion.

Les *Études* de Meyerhold peuvent être lues dans le champ des positions prises par Stanislavski, dont Meyerhold refuse le *psychologisme* et les priorités sémantiques. Son approche plus *déictique* est centrée sur la relation inscrite dans l'événement, dans la conjonction syntaxique *hic et nunc* des corps et des gestes. La partition, visible, préparée selon un schéma directeur rythmique, kinesthésique et émotionnel, ne peut se manifester que par l'esprit et le corps du spectateur dans une empathie combinatoire appelée sous-partition.

Les affects sont corrélés au mouvement : « On est touché avant de comprendre. La signification n'est pas absente, elle est mise en jeu, l'affect naissant précisément de la surprise de ce sens ressenti et dans un premier temps du moins, latent et non élucidé [...] » (Meyerhold, 1980 : 46-47).

Le 17 janvier 1939, Meyerhold s'adresse aux futurs metteurs en scène et tout en soulignant le caractère exploratoire du théâtre, il insiste, dans *L'Amour des trois oranges* (1914), sur les niveaux d'organisation de la scène : « Le fondement de l'art théâtral est le jeu. Même lorsqu'il montre le quotidien sur scène, le théâtre en reconstitue les fragments par des procédés propres à lui seul et qui ont pour devise le jeu. Montrer la vie sur scène signifie jouer cette vie, dès lors que le sérieux devient amusant et l'amusant tragique » (Meyerhold, 1963 : 121).

On rapprochera cette sémiotique de la manifestation corporelle de la question quasi phénoménologique, ouverte par Barthes à propos de l'écriture à haute voix. « Dans l'antiquité, la rhétorique comprenait une partie oubliée, censurée par les commentateurs classiques : *l'actio*, ensemble de recettes propres à permettre l'extériorisation corporelle du discours : il s'agissait d'un théâtre de l'expression, l'orateur-comédien "exprimant" son indignation, sa compassion, etc. L'écriture à haute voix, elle, n'est pas expressive ; elle laisse l'expression au *phénotexte*, au code régulier de la communication ; pour sa part, elle appartient au génotexte, à la signifiance ; elle est portée non par les inflexions dramatiques, les intonations malignes, les accents complaisants, mais par le grain de la voix, qui est un mixte érotique de timbre et de langage, et peut donc être lui aussi, à l'égal de la diction, la matière d'un art : l'art de conduire son corps – l'écriture à haute voix n'est pas phonologique mais phonétique ; son objectif n'est pas la clarté des messages, le théâtre des émotions ; ce qu'elle cherche (dans une perspective de jouissance) ce sont les incidents pulsionnels » (Barthes, 1973 : 104-105).

On peut se demander si Barthes n'interroge pas de la sorte un nouvel ordre sensoriel, indépendant des typologies héritées de l'histoire du théâtre, et qui relève de la « signification accordée aux sensations internes du corps propre » (Fontanille, 1997-1998 : 7), à des réponses extraites du contact sensible avec le monde (version phénoménologique) ou à des modes sensibles du discours (version sémiotique).

Ce qui se trouve mis en jeu, ce sont la mise en discours, la réalisation de structures sémiotiques virtuelles, corporelles, propres au théâtre, et dont Meyerhold avait eu l'intuition.

34 *Le jeu. Peut-on concevoir le spectacle sans acteur ? (Craig, 1872-1966)*

Craig se définit comme un partisan convaincu de l'artificialisation du signe spectaculaire, subordonné à une cohérence totalisante, à une « pensée unique », selon ses propres mots.

Scène en pente, rideau ouvert, « noirs », projection du décor présideront à une mise en espace requérant la participation active du spectateur. Mais c'est surtout le comédien qui retient l'attention de Gordon Craig.

Si Craig rêve de substituer à l'acteur une surmarionnette, c'est parce qu'il souhaite, non pas remplacer l'acteur, mais délivrer le théâtre de la contingence : dénaturalisé, libéré de la psychologie, le comédien n'aurait pas pour vocation de vivre mais d'exprimer, de symboliser : « Supprimez l'arbre authentique que vous aviez mis sur la scène, supprimez le ton naturel, le geste naturel et vous en viendrez à supprimer l'acteur également [...]. Il n'y aura plus de personnage vivant pour confondre en notre esprit l'art et la réalité, plus de personnage vivant où les faiblesses et les frissons de la chair soient visibles » (Craig, 1942 : 125).

D'autres metteurs en scène, tel Meyerhold, utilisent la marionnette lors des exercices, notamment pour associer les postures aux émotions. Craig se méfie de l'émotion du comédien, qui parasite le projet de mise en scène; son propos est de neutraliser l'improvisation inhérente au spectacle vivant : « L'art du théâtre n'est ni le jeu des acteurs, ni la pièce, ni la mise en scène, ni la danse, il est formé des éléments qui les composent : du geste, qui est l'âme du jeu; des mots, qui sont le corps de la pièce; des lignes et des couleurs qui sont l'existence même du décor, du rythme qui est l'espace de la danse » (*ibidem* : 115). Le discours vise sans nul doute celui de la réalisation concrète des objectifs.

Le comédien constitue un matériau brut dont le metteur en scène joue à son gré. La représentation, conçue comme un ensemble hétérogène de signes (non dynamiques) unifié par le metteur scène, s'adresse à un public appréhendé également comme une entité totalisante. Cette perspective wagnérienne congédie toutes les instances autres que la mise en scène. « Voici de quels éléments l'artiste de théâtre futur composera ses chefs-d'œuvre : avec le mouvement, le décor, la voix. N'est-ce pas tout simple ? J'entends par mouvement le geste et la danse qui sont la prose et la poésie du mouvement ? j'entends par décor tout ce que l'on voit, aussi bien les costumes, les éclairages, que les décors proprement dits. j'entends par voix les paroles dites ou chantées en opposition aux paroles écrites; car les paroles écrites peuvent être lues et celles écrites pour être parlées sont de deux ordres entièrement distincts » (*ibidem* : 141).

Edward Gordon Craig a une conscience sémiotique avancée de la problématique du jeu. Vu la complexité de l'émission de signes émanant de ce lieu visible et visé qu'est le visage, il regrette le manque de contrôle de l'acteur sur le masque donné à voir au spectateur. Les signes naturels échappant à l'artificialisation sont empreints de parasites, tics, bruits musculaires, empreintes du quotidien ou de la culture. Le visage peut être indice d'une émotion traduite ou marque d'une famille, d'une société, d'une race. L'abaissement des paupières d'Hamlet est-il un signe de fatigue ou d'angoisse du comédien qui incarne le personnage? Comment rendre l'émotion lisible et pertinente si les codes du jeu sont aléatoires ou ambigus?

Craig développe un discours centré sur la beauté et le mouvement. Il définit les fondements d'un jeu total et développe (dans une lettre datant du 20 février 1911 adressée à Stanislavski) les axes de la pratique du comédien. Le travail, gestuel et corporel, est concentré sur trois paramètres : le geste, le mouvement et le masque. Ces bases constituent les points centraux de la réforme énonciative du XXe siècle.

35 *La représentation peut-elle être fondée comme écriture dans l'espace tridimensionnel? (Appia, 1862-1928)*

Appia fait figure de précurseur de la scénographie. Considérée comme univers de sens, celle-ci dialectise le texte, rend le lisible visible et contextualise le jeu du comédien : « L'art de la mise en scène », écrit-il, « est l'art de projeter dans l'espace ce que le dramaturge n'a pu projeter que dans le temps » (Appia, dans Pavis, 1996 : 316). L'espace se mue en paysage où des corps s'inscrivent dans une économie musicale et architecturale de plans et de volumes. En se penchant sur la mise en scène du drame wagnérien, Appia se rend compte que les proportions quotidiennes de la forme humaine ne peuvent être importées telles quelles dans les codes spécifiques. Il devient dès lors nécessaire de trouver de nouvelles harmonies dont l'existence physique d'un comédien « dépersonnalisé » (1899) constitue le support. Appia introduit les notions de plastique et d'expression dans la recherche des proportions formelles du rôle. Il fait du corps de l'acteur son principal instrument doté de trois dimensions : le vivant, la mobilité et la plastique. Chez Appia, « la scénographie construit des volumes massifs mais fragiles et maniables, escaliers, podiums, portails, piliers, ombres portées n'écrasent pas l'acteur [...]; le rêve ou la musique deviennent forme, idée, matière; le texte revit dans l'univers mythique du temps et de l'espace » (*ibidem* : 316).

Adversaire du réalisme, Appia développe une théorie de la lumière : l'éclairage scénique ne doit pas se limiter à révéler le décor, sa fonction première est de mettre en valeur le corps et le visage de l'acteur (ce qui implique de creuser par le maquillage pour marquer le caractère). La réforme prend appui sur un refus du décor illusionniste, de la toile peinte. L'acteur devra modeler autour de lui l'espace tridimensionnel. Les espaces rythmiques, composés de volumes horizontaux et verticaux, d'escaliers, de plans surélevés et inclinés, livrés aux jeux d'ombre et de lumière, les tentures et architectures lumineuses remplacent la régie mimétique.

Les trois traités (Appia, 2005) *La Mise en scène du drame wagnérien (1895)*, *La Musique et la mise en scène (1899)*, *L'Œuvre d'art vivant (1921)* envisagent le théâtre comme un espace esthétique. Inspiré par Wagner et sa théorie de la *gesamstkunstwerk*, Appia plaide pour la fusion des systèmes de signes, dialectisés autour de la figure de l'acteur, corps vivant, plastique, porteur de la mobilité, du texte et animé par la musique. Art de l'épure mais « art vivant auquel tous participeraient », ainsi pourrait-on taxer la scénographie.

Appia apporte un point de vue précurseur sur le *texte spectaculaire* dont il entend définir les constituants. Il ambitionne d'intégrer ceux-ci dans des hiérarchies qui éclairent la production du sens. S'ouvre ainsi une voie dans laquelle le XXe siècle s'engouffre avec passion et qui concerne la conception de l'espace comme marque spectaculaire. Il n'est plus question de *mimesis* (Antoine), pas encore d'espace unificateur (vecteur du projet citoyen et fédérateur de Vilar) mais bien de construction du regard, de montage d'univers scénique, de guide permettant au spectateur de resémantiser ou de *désémantiser* le monde donné à voir. Le prisme des théories d'Appia permet de caractériser la démarche des autres praticiens : Meyerhold intègre les matériaux et le comédien dans des dispositifs structurants, le fameux *constructivisme*. Artaud conçoit une spatialité gestuelle dont les repères sont le corps, l'axialité construite physiquement sur scène. Le rêve de Copeau, de *tréteau nu*, confirme ce souci de permettre au comédien de restructurer le lieu. Il faut citer enfin Brook et son *espace vide*, c'est-à-dire ouvert sans *a priori* à la construction du spectaculaire. Se dégage de la sorte une convergence en vue d'une approche de plus en plus sémiotique de l'espace, laissant à la compétence du spectateur le soin d'inventer le lieu à son tour.

Kantor ou Carmelo Bene n'hésitent pas à imaginer des espaces éclatés, faits de citations, de déséquilibres, de contrastes d'échelles. Vitez accentue cette prise de conscience : ses espaces indéfinissables, imaginaires ou non, théâtraux ou extrascéniques, contraignent le spectateur à un travail constant d'énonciation.

L'espace fondateur de la marque spectaculaire, c'est bien le signal que lance Appia à l'histoire de la scénographie et de l'écriture.

36 *L'énonciation en déni ? (Artaud, 1896-1948)*

À en croire Baudrillard, Artaud n'est pas un créateur au sens ordinaire du terme. « L'erreur est de croire qu'on peut réaliser ce théâtre de la cruauté » (Baudrillard, 2005 : 27).

Influente, la recherche menée par Antonin Artaud s'apparente sans doute à une quête personnelle plus qu'à des théories sur le théâtre. Au-delà du radicalisme nihiliste, Artaud se pose néanmoins des questions rappelant la problématique de l'énonciation, de ses instances, de sa dynamique, du savoir dans lequel elle s'inscrit.

Passant par tous les degrés de la négation, l'auteur de *Suppôts et suppliciations* s'en prend au langage, son premier instrument et le dernier objet qu'il lui reste à détruire. L'obstacle est aussi le savoir. Dans sa préface au *Théâtre et son double* intitulée *Le Théâtre et la culture*, Artaud réclame une culture en action, universelle, qui échappe au fétichisme du texte écrit et au culte des chefs-d'œuvre. Artaud s'oppose à Platon et au « dieu de l'écriture », il rejette la psychologie et les chefs-d'œuvre du passé et prend parti en faveur de l'oralité : vibrations phonatoires, onomatopées, cris, répétitions, litanies.

Le lien entre culture et création est visé : « car à côté de la culture par les mots, il y a la culture par gestes. Il y a d'autres langages au monde que notre langage occidental qui a opté pour le dépouillement, pour le dessèchement des idées et où les idées nous sont présentées à l'état inerte sans ébranler tout un système d'analogies naturelles comme dans les langages orientaux » (Artaud, 2004 : 571).

La contestation concerne la définition du spectaculaire. Le théâtre pur, auquel l'invite à rêver la tradition balinaise, incarne un système de signes fait « de gestes et de mimiques, mais aussi du pouvoir évocateur d'un rythme, de la qualité musicale d'un mouvement physique, de l'accord parallèle et aimablement fondu d'un ton » (*ibidem* : 537).

L'acteur est comparé à un instrument, un pantin, un matériau, un hiéroglyphe vivant. C'est à travers le souffle qu'il doit exprimer ses émotions. Comme la langue, le corps doit être libéré de ses contraintes instrumentales (de l'« abjection » qui l'aliène). Le corps fait signe.

Son geste est expressif plus que dramaturgique : il ne cherche pas à ouvrir le sens, à donner à voir la pluralité du texte mais à être l'anagramme du corps (« hiéroglyphe »), la matérialisation physique de la lettre. « C'est la mise en scène qui est le théâtre, beaucoup plus que la pièce écrite et parlée » (*ibidem* : 60-61).

Artaud favorise la matérialité scénique contre une longue tradition de conservation du texte, objet culturel. Lumière, geste, espace, pantomime, voix, mimique, costume constituent les instruments du nouveau langage poétique de la mise en scène. « Quand on tire les conséquences poétiques extrêmes, [...], les possibilités de réalisation du théâtre appartiennent tout entières au domaine de la mise en scène, considérée comme un langage dans l'espace et en mouvement » (*ibidem* : 68).

La prééminence de la mise en scène implique aussi le spectateur et la fonction d'observation, le regard sur la scène : « Voyez les clowns, ils bâtissent la scène avec la direction d'un regard » (*ibidem* : 92). Pour étendre la participation au public, il faut travailler l'espace, « changer la conformation de la salle et que la scène fût déplaçable selon les lieux de l'action » (*ibidem* : 92).

La majoration quasi émotionnelle du signifiant rétablit le regard du spectateur. La scénographie concourt à favoriser à la fois la focalisation, la perception spectaculaire et l'action. Artaud rêve d'un lieu unique pour l'action, hangar, grange sans scène, dont le spectateur occupera le centre, sur des chaises pivotantes. « Cette diffusion de l'action sur un espace immense obligera l'éclairage d'une scène et les éclairages divers d'une représentation à empoigner aussi bien le public que les personnages » (*ibidem* : 503).

Le régime de croyance revêt une importance cruciale. Le *Manifeste pour un théâtre avorté* explique que : « les objets, les accessoires, les décors mêmes qui figureront sur la scène devront être entendus dans un sens immédiat, sans transposition; ils devront être pris non pas pour ce qu'ils représentent mais pour ce qu'ils sont en réalité » (*ibidem* : 232). Le théâtre n'est pas un jeu mais « chaque spectacle » constitue « une sorte d'événement », susceptible de provoquer « une émotion intéressée ».

Contagion, décharge et virtualité caractérisent l'effet du théâtre classique qu'Artaud compare à la peste. Le spectateur est censé s'identifier à l'événement scénique, à « ce formidable appel de forces qui ramènent l'esprit par l'exemple à la source de ses conflits » (*ibidem* : 520).

Considérant Jorge Lavelli comme un héritier d'Artaud, un article du *Monde* retient les paramètres suivants : la primauté du jeu sur le texte et du metteur en scène sur l'auteur; la nécessité de rompre la barrière scène/salle, acteur/spectateur pour instaurer une improvisation individuelle et collective; la recherche d'une expérience plus proche des rites du théâtre oriental que de la tradition occidentale « ... partagée entre le commerce du divertissement et le culte des chefs-d'œuvre » (A.S. *Le Monde*, 1977 : 3).

Les installations d'Artaud, de Weimar, de Piscator, le laboratoire de Grotowski, les groupes américains des années trente comme le Black Mountain College et des années soixante comme le Living, l'Open, le *performance group* et autres expressions contrastées, annoncent les premières études de performance. Dans les pays anglo-saxons, l'agent de la performance est identifié comme *performer*, terme que l'on retrouvera chez Grotowski.

L'héritage artaudien, revendiqué par ces nouvelles pratiques de manifestation, repose essentiellement sur le démontage énonciatif quasi exhaustif auquel se livre l'auteur du *Théâtre et son double* et qui vient d'être mis en évidence.

37 *Peut-on confronter l'écriture textuelle et l'écriture scénique ? (Brecht, 1898-1956)*

Partisan d'un théâtre épique, qui assure une certaine autonomie à chaque tableau et qui invite à mettre la fiction en perspective, Brecht vise d'abord la compétence du spectateur, sa croyance, son savoir : « Dans cette perspective, le théâtre laisse un rôle actif au spectateur qui ne se borne plus à regarder. Qu'il profite de cette latitude d'être actif de la façon la plus facile qui soit : car le mode d'existence le plus facile est dans l'art » (Brecht, 1978 : 207).

« Toutes les pièces de Brecht se terminent explicitement par un “Cherchez l'issue” adressé au spectateur au nom de ce déchiffrement auquel la matérialité du spectacle doit le conduire » (Barthes, 1972 : 260).

Brecht prend parti contre l'identification mimétique et la purification cathartique d'Aristote.

Chacun des constituants du savoir fait l'objet d'une réévaluation. Ainsi, Brecht refuse l'intimidation par les classiques; il éprouve le besoin de réécrire ceux-ci pour les jouer. « Avec Brecht vient l'ère de l'historicisation des classiques. Le sous-texte psychologique, privilégié par les disciples de Stanislavski cède le pas à un sur-texte ou contexte historique concrètement montré sur la scène » (Dort, 1977).

Les stratégies d'attention et le travail de *montage* font l'objet d'une appréhension critique également. La « distanciation épique » a pour effet de privilégier la réception tabulaire.

Les ruptures systématiques de la fable, la dramaturgie en tableaux imposent par l'intervalle ce qui « ne va pas de soi ». Brecht invite le spectateur à prendre du recul et tous les moyens sont bons : bonimenteur, chants, saynètes, accessoires. L'utilisation d'une scénographie non mimétique mais conforme à l'iconicité *diagrammatique* (selon Peirce, configuration commune à l'objet et à son signe), l'exploitation de procédés populaires inspirés du cabaret favorisent la distanciation.

Il revient, par exemple, au petit rideau épique (un rideau à mi-hauteur) de dissoudre entre les différentes scènes l'action scénique restituant le spectateur au temps historique. Barthes définit ainsi la démarche : « La matérialité du spectacle ne relevait pas seulement d'une esthétique ou d'une psychologie de l'émotion, mais aussi et principalement d'une technique de la signification : en d'autres termes, que le sens d'une œuvre théâtrale [...] dépendait... de ce qu'il faut bien appeler un système intellectuel de signifiants » (Barthes, 1972 : 259).

Pour parvenir à ses fins et persuader le spectateur de changer le monde, Brecht revendique l'autonomie de l'image, met en contradiction dialectique visible et lisible. Richard Demarcy souligne à quel point le sens procède de l'écriture scénographique : « Nous voyons le sens de l'œuvre advenir comme l'effet d'une technique » (Demarcy, 1973 : 370).

Bertolt Brecht inaugure de la sorte une forme de spectacle dont la double énonciation est l'objet. Son commentaire sur l'importance de l'exhibition du jeu pour la comédienne incarnant le rôle de la Muette dans *Mère Courage* (Brecht, 1978 : 452) est particulièrement éclairant : « Beaucoup dissimuleraient au public le geste de remonter les longues jupes, en bas, près de l'échelle, oubliant que celles-ci empêcheraient de grimper non seulement la comédienne mais la Muette. »

Le spectateur participe à ce dédoublement : « Ainsi le théâtre opère en nous, spectateurs, un dédoublement décisif : nous sommes à la fois Mère Courage et ceux qui l'expliquent ; nous participons à ce même aveuglement de Mère Courage et nous voyons ce même aveuglement, nous sommes acteurs passifs, empoissés dans la fatalité de la guerre et spectateurs libres, amenés à la démystification de cette fatalité » (Barthes, 1972 : 49).

Brecht ne choisit pas de dénoncer l'artifice théâtral ou de refuser la fiction mais « ne met l'accent sur la performance qu'en ce qu'elle est le montré de la fable » (Ubersfeld, 1981 : 292). « Brecht, tout en théorisant le soupçon que lui inspire la *mimesis* aristotélicienne, ne craint jamais de faire des activités présentées sur scène l'icône des activités d'un réel socio-historique. L'exclusion du représenté aurait pour conséquence paradoxale la négation de toute possibilité de distance » (*ibidem* : 317). Ce qui est dénié en fin ce compte, ce n'est pas la fiction mais une certaine façon de la représenter. Mettre l'accent sur la performance contre la fiction, c'est jouer la théâtralité contre la figuration mimétique de la fable, contre l'évocation ressemblante, sécurisante, parce qu'elle reproduit les images de notre quotidien.

Brecht pose en des termes extraordinairement pluriels la problématique du contrat spectaculaire mais aussi de tous les constituants de l'énonciation théâtrale.

38 *Les questions de l'interprète et du spectateur peuvent-elles contribuer à refonder le débat ? (Copeau, 1879-1949, Vilar, 1912-1971)*

L'architecture de la scène et l'acteur vivant (« un tréteau nu et de vrais comédiens ») figurent pour l'auteur de *Registre*s au cœur d'une esthétique rattachée à Appia et à Craig. On évoque souvent à propos de Copeau la « stylisation française ». « Plus la scène est nue, plus l'action y peut naître de prestiges. Plus elle est austère et rigide, plus l'imagination y joue librement. C'est sur la contrainte matérielle que la liberté d'esprit prend son point d'appui. Sur cette scène aride l'acteur est chargé de tout réaliser, de tout tirer de lui-même. Le problème du comédien, du jeu du mouvement intime à l'œuvre, de l'interprétation pure est ainsi posé dans toute son ampleur » (Copeau, 1974 : 219). Copeau, tourné tout entier vers la formation du comédien et la notion de la maîtrise musculaire, subordonne le jeu au projet à incarner. Il ouvre la voie à une nouvelle conception : le jeu dramatique.

Copeau revient au texte. Il accepte l'incarnation du texte par un acteur mais récuse l'image, c'est le sens de la scène nue. Il faut que la profération, la diction de l'acteur évoque le lieu ou le décor. Il y a là un débat dont l'entre-deux-guerres va se nourrir : le théâtre peut-il changer de nature et d'art du lisible qu'il était par tradition devenir un art du *sensible* ? Copeau joue le sensible contre l'image. Le combat pour un théâtre qui passe par la convention partagée et par l'actualisation du texte suppose qu'on évacue la défroque décorative.

L'amour du grand répertoire va de pair avec l'ambition de proposer des pièces susceptibles de fédérer les publics. Le fondateur du théâtre du *Vieux Colombier* souligne résolument l'importance de la réception. La transformation de la convention en contrat repose sur des contraintes communes qui vont être prises en compte par Jacques Copeau sous la forme d'une éthique. Copeau défend la valeur citoyenne du théâtre et l'idéal de formation des publics. Il annonce ainsi un mouvement dont Vilar, le festival d'Avignon et Vitez prolongeront les idéaux. *Les Cahiers du Vieux Colombier* et les formations intègrent l'événement théâtral dans une dynamique pédagogique qui dessine de façon nouvelle la figure du spectateur.

Jean Vilar (1912-1971) développe cet environnement à travers l'éducation populaire, les théâtres populaires (TNP), la décentralisation, le premier festival d'Avignon en 1947. Défenseur du théâtre citoyen, revendiquant l'héritage de Brecht, Vilar est d'abord mal accueilli par la presse au premier festival. La question de la légitimité du spectacle vivant est pour la première fois enjeu de débat.

Ce seront surtout les classiques qui seront joués à Avignon, et pour cause : il s'agit encore de rassembler les publics, d'offrir « un théâtre élitaire pour tous ». « Il est toujours quelque chef-d'œuvre ancien qui nous ramène à une préoccupation contemporaine essentielle, nous éclaire et nous propose une attitude » (Roy, 1986 : 38-46).

On peut rappeler que progressivement Avignon a intégré la volonté de tisser des liens entre toutes les pratiques spectaculaires. En 1967, Jean Vilar ouvre d'autres lieux à Avignon, notamment le Cloître des Carmes et le Cloître des Célestins. Après avoir été longtemps le seul « régisseur » de l'événement, il a accueilli d'autres metteurs en scène, Lavelli, Bourseiller, et d'autres arts : le cinéma ou la danse.

Deux intentions fondamentales prennent racine chez Copeau et Vilar : la volonté de privilégier la fonction de spectateur et celle de confirmer la validation du spectacle vivant comme champ culturel. Cette problématique de la légitimité se trouve donc intimement imbriquée à celle de la réception.

39 *Comment la dénégation nourrit-elle la création ? (Kantor, 1915-1990)*

« Le lieu scénique chez Kantor ne représente rien. Il n'est pas fait pour cela. Il ne dit une cuisine, ni une salle à manger ni une caserne, ni une rue. Il ne représente pas, il convoque. Tout se passe comme si Kantor présent sur scène et vivant, placé un peu en retrait, était le point original de tout ce qui appelle à l'existence sur cette petite scène de son enfance, scène de la mémoire » (Ubersfeld, 1991 : 198). Le théâtre de Kantor incarne les rapports de dénégation entre la vie et le spectacle.

Kantor qualifiait le théâtre qu'il avait créé en 1942 à Cracovie de « bâtiment d'inutilité publique, accroché à la réalité vivante comme un ballon gonflé ». Inspiré par Craig, Meyerhold, Piscator, le Bauhaus, Kantor mêle théâtre, peinture, happenings et manifestes.

À Nancy, en 1971, le théâtre Cricot 2 de Cracovie, fondé en 1955 et dirigé par Kantor, monte *La Poule d'eau*, de Witkiewicz. Kantor affirme « non pas jouer Witkiewicz mais jouer avec lui ». Le thème est celui de la mort. Les acteurs, affublés de costumes de sac et de corde, utilisent automatismes et stéréotypes de jeu. La voix use « d'intonations-déchets et l'organisme d'attitudes-clichés », prises dans le quotidien. La référence, suggérée par Kantor lui-même, s'établit avec les objets « ready-made » de Duchamp. Le spectateur fait partie des matériaux sur une scène d'ailleurs furtivement traversée par Kantor.

La mort pose par excellence le problème de la dénégation. « Si nous voyons César sur scène, nous savons qu'il est mort depuis deux millénaires [...]. Pourtant la mort théâtrale est faite d'irréalité, niée par la présence physique vivante du comédien » (*ibidem* : 202).

Il y a chez Kantor une véritable figure oxymorique qui pousse à construire le théâtre sur la mise en cause de ses présupposés : parfois énoncé à la première personne, consacré à la mort présente, ébranlant le spectateur, le spectacle se donne avant tout comme matérialité visible. Ce spectacle comprend des formes citationnelles : référence à Vélasquez, *Les Ménines*, à Goya *Dos de Mayo*, (les soldats pointant leur baïonnette dans *Wielopole-W*), à

Vinci (*La Cène* à la fin de *Wielopole-W*). Kantor exploite les rapports entre peinture et spectacle vivant. Proche du cubisme, de l'expressionnisme abstrait américain, il découvre l'art informel et Fautrier, « la sécrétion organique » de la matière sur la toile. Il suit le retour à la figuration humaine (période des emballages et happenings), Duchamp, *l'arte povera* et le post-modernisme des années 1970 et sa manière de revisiter le musée. Kantor exprime par sa création des préoccupations qui concernent la définition du spectacle vivant comme discours :

a. L'autonomie des systèmes de signification. Les spectacles sont conçus non seulement à partir de la matérialité des mots, mais avec des corps, un espace, des rythmes. Avec des thèmes à la manière d'une composition musicale, d'une partition.

b. La mise en cause du lisible par le visible. Une attitude de défiance envers toute forme de représentation, le conduit à concevoir la scène comme un univers bidimensionnel. Ce sont des dessins vivants, non des tableaux vivants qui sont offerts au spectateur.

c. Un théâtre pris en charge par l'énonciateur. Le matériau renvoie à une mémoire personnelle. Tout un univers est ressuscité et l'Histoire en est la métaphore alors que le spectacle, comble de la dénégation, réinvente le monde.

d. Le collectif d'énonciation. Le spectateur est partie prenante de la création. À tout moment les non-professionnnels peuvent participer au spectacle. À la troupe formée d'un noyau initial de Cracovie s'adjoignent des spectateurs, des gens rencontrés dans des stages; utilisés parfois comme figurants, ils acceptaient d'être utilisés comme signes.

40 *Le rapport entre croyance et savoir est-il pris en compte par la mise en scène ? (Brook, 1925-)*

Pour Peter Brook, le lieu théâtral n'a de sens que par rapport au spectacle qui l'habite.

> Je peux prendre n'importe quel espace vide et l'appeler une scène. Quelqu'un traverse cet espace vide pendant que quelqu'un d'autre

l'observe, et c'est suffisant pour que l'acte théâtral soit amorcé. (Brook, 1977 : 25)

Refusant la relativité culturelle chère à certains anthropologues, Brook s'interroge sur la construction de la signification lorsque la communication linguistique, les présupposés culturels ne font pas partie des *interprétants.* « Dans quelles conditions ce qui se passe au théâtre peut-il venir d'un groupe d'acteurs, et être reçu, partagé par les spectateurs, sans l'aide ou l'entrave de la culture commune, avec ses codes et ses symboles » (Brook, 1992 : 166). Une tournée de quatre mois en Afrique, mais aussi en France dans des lieux sans grande vocation culturelle, la rencontre de publics sourds, aveugles, handicapés, incarcérés mettent à l'épreuve le pouvoir de l'acteur et la force de la convention théâtrale.

L'improvisation est, dès lors, la technique qui permet de régler la relation à l'autre, de trouver un terrain d'entente authentique et de puiser au plus profond de la spécificité des codes spécifiques du théâtre. Une telle démarche suppose d'abord la rencontre du spectateur : « Qu'il soit vibrant d'enthousiasme (comme trois cents adolescents noirs de Brooklyn) ou menaçant, shooté à la colle, dans le Bronx, ou grave et attentif (dans les oasis du Sahara), le public est toujours l'Autre » (*ibidem* : 136).

La fonction phatique devient un fondement de la croyance. L'événement spectaculaire naît dans la relation. La préparation du spectacle, la répétition, le partage du canal linguistique ou de patrons narratifs sont autant d'obstacles à la création d'une vraie interaction contractuelle. La tournée du *Roi Lear*, véritable échec chez les anglophones de Philadelphie, rencontre en Europe de l'Est un écho enthousiaste auprès de populations slavophones. Par ailleurs, « les Africains qui ont été élevés selon le mode de vie traditionnel ont une compréhension très développée de la dualité de la réalité. Le visible et l'invisible, et le passage libre entre les deux sont pour eux, et d'une manière très concrète, deux façons d'être d'une même chose » (*ibidem* : 169).

La troupe même de son *Cosmopolitan Theater* est interculturelle (composée d'anglophones, de francophones, d'Africains, d'Asiatiques). Brook joue des accents, du choc des savoirs, l'hétérogénéité des apports étant considérée comme un atout crucial.

Le phénomène des tournées est primordial : il permet de confronter un spectacle à des réceptions diverses et de modifier éventuellement le jeu en fonction des réactions du public. En 1971, il monte *Oghast* dans les ruines de Persépolis et utilise une langue musicale, un patchwork de langues anciennes destiné à reconstituer un code universel des émotions et des sens. Il prépare en Afrique la représentation de *Iks* et celle de *La Conférence des Oiseaux*, pièce médiévale du Persan Altar (1977).

Le temps et l'espace théâtral font, à chaque fois, l'objet d'une redéfinition. Le public, qui se manifeste par ses silences, ses rires, ses hiatus..., intervient sur le sens en train de se former. La tournée est conçue comme rencontre d'une construction dramatique et scénique à peu près équilibrée (dans le rapport régulier à un premier type de spectateurs) avec une autre population de spectateurs. Brook le signale lui-même : si l'écart entre les deux publics est net, une véritable transformation du spectacle initial peut se produire et concerner des aspects de la mise en scène, bouleverser la hiérarchie des personnages, déplacer les accents thématiques, altérer le récit...

Cette fascination, qui le pousse à s'interroger sur les constituants du discours spectaculaire, Brook l'applique à la transposition intermédiale. *Le Roi Lear, Marat-Sade* sont portés à l'écran : le défi est de simuler par le détail sur l'écran la vision globale qui est celle de la scène. Cette tentation de l'adaptation, on la retrouve dans les formats qui vont décliner le poème épique sanskrit *Le Mahabarata* : pièce, film, vidéogramme. L'expérience événementielle du *Mahabarata* est particulièrement prégnante : créée au festival d'Avignon de 1985, mise en scène ensuite aux *Bouffes du Nord*, reprise au *Majestic Theatre* de Brooklyn (lieu de théâtre expérimental à New York, abandonné, rouvert et traité par Brook et ses scénographes de la même façon que les *Bouffes*) puis dans le monde entier, avant d'engager une dynamique et une métamorphose médiatiques.

Certes, l'objectif est de comprendre en profondeur le sens des formes et cultures exogènes, de « s'ouvrir à de nouvelles perceptions sur la façon d'utiliser son corps, une compréhension de la raison pour laquelle cette forme particulière est née » (Brook, 1986 : 19).

Cependant, contrairement à Artaud qui cherchait à importer du *tiers théâtre* les moyens lui permettant de renverser les présupposés culturels occidentaux, Brook exporte son théâtre et le confronte aux réactions de publics disposant d'autres codes spectaculaires. En Afrique, par exemple, comme le souligne Brook lui-même, le spectateur ne baigne pas dans une culture du résultat et est capable d'une concentration sans attente qui contamine le jeu de l'acteur. L'échange est une donnée fondamentale. Il se noue à partir du degré zéro de la narrativité : la présence, le lieu, la situation suffisent à déterminer le passage au mode du faire semblant. « C'est donner et prendre » (*ibidem* : 167).

Il importe de s'interroger sur l'attitude spectaculaire et de mettre à distance les codes impensés du théâtre européen. Par exemple : « Le rideau était le symbole par excellence de toute une école de théâtre. Le rideau rouge, la rampe, l'idée que nous étions tous redevenus des enfants, la nostalgie et la magie formaient un tout » (Brook, 1977 : 68). Le rideau est effectivement plus qu'un symbole : indicateur de sémioticité, transparent ou opaque, passage obligé de la clôture, cadre par excellence qui transforme en signe la réalité scénique. Sur indication du rideau on change de scène ou on confronte salle et scène. L'accessoire suscite le dédoublement pour le réintroduire comme constitutif de toute représentation.

Tel est l'archétype de la convention défini à travers l'expérience et la contestation d'une limite, celle d'un théâtre né des seuls codes *spécifiques* du savoir. Théâtre qui nous permet aussi de rêver l'autre. Et au travers du rêve de l'autre, de réévaluer sa propre identité de rêveur.

41 *La conscience sémiologique peut-elle sous-tendre la mise en scène? (Vitez, 1930-1990)*

Le théâtre d'Antoine Vitez est éminemment imprégné de la nature sémiotique du spectacle. On songe au commentaire de Piemme : « À la limite, le théâtre contemporain ne communique plus rien, il expose sans culpabilité les dédales du réel et de l'illusion, du vrai et du faux, de l'inclusion et de l'exclusion, de la totalité et du fragment, de la représentation et de l'irreprésentable, mais il n'a rien à en dire. Lorsque le média est travaillé pour repérer sa radicale différence avec le réel, par celle-là il éclaire celui-ci, il localise son utilité sociale dans son *être là* : portion d'un ailleurs où, par le détour de l'illusion, du réel advient qu'on ne perçoit ainsi que là » (Piemme, 1984 : 52).

Contre le brechtisme « usé » des années soixante, Vitez propose une réflexion sur l'iconicité et l'énonciation du réel : « La conviction que les codes sont variables, qu'on peut les changer ; que les pouvoirs établis ont toujours intérêt que leur représentation de la réalité est LA réalité, que travailler sur la forme de la représentation est toujours subversif » (Vitez, 1981 : 131).

Disciple de Meyerhold, il préconise un travail sur les codes spécifiques du théâtre : « Le corps affirme la théâtralité par la démesure des gestes » (Vitez, 1993 : 27).

Prenant position par rapport à l'héritage de Craig, il souligne dans cette démarche sur les codes la double énonciation du comédien : « L'acteur n'est pas une marionnette. Il est le montreur de sa propre marionnette » (*ibidem* : 32).

La démarche du metteur en scène se présente chez Vitez comme œuvre de dialectisation. Les grands textes du passé doivent être considérés comme troués, traversés par les projets scéniques qui les ont fait vivre. La dramaturgie examinera toutes les versions et les réalisations effectuées dans l'histoire. Ensuite, de la confrontation naîtra la vision du monde. À propos des classiques il faut « faire revenir à la conscience présente tout ce dont on ne possède qu'un souvenir déficient » (Vitez dans Banu-Sallenave, 1991 : 195).

« Dans le rapport entre l'activité du comédien et celle du metteur en scène se pose la question : le comédien est-il la chose du metteur en scène, objet sémiotique comme les autres objets de la représentation ou bien est-il l'auteur des propres signes qu'il émet ? Question dont la réponse rendra compte du rôle relatif de l'un et de l'autre, mais qui ne touche pas fondamentalement l'analyse des signes émis par le comédien [...]. Antoine Vitez dit à ses comédiens : si vous ne montrez rien, je ne peux rien faire : formule qui va évidemment à l'encontre de la théorie de la surmarionnette, mais n'élude pas le problème de la transformation des signes (produits par le comédien) en texte scénique, œuvre du metteur en scène » (Ubersfeld, 1981 : 167-168).

Cette dialectisation est active aussi dans les liens intertextuels (du jeu et de la lecture) que peut susciter le rapprochement de pièces à l'intérieur de cycles permettant aux mêmes comédiens de jouer dans les mêmes décors des pièces différentes. « Le fait que les mêmes gens se retrouvent dans des fonctions différentes et dans un lieu unique fonde un discours – comme on dit. C'est cela que je trouve intéressant. Et qui permet que les spectacles s'aident les uns les autres » (Vitez- Copfermann, 1981 : 83). L'entrée se fait à partir d'un auteur, d'un texte ou d'une forme (intériorisation de la configuration sociodiscursive) Ainsi se justifient les cycles : tel *Molière* à la Porte Saint-Martin. Parfois, les cycles rassemblent des pièces qui n'ont en commun que le *montage-collage* effectué par le metteur en scène et par l'horizon d'attente du spectateur : *Tombeau pour cinq cent mille soldats, Britannicus* et *Faust*. Le projet, non abouti, de l'administrateur de la Comédie-Française était d'ailleurs de confier à un noyau d'acteurs la mission de jouer *Molière* chaque année au Français dans ces conditions.

Le travail, guidé par le texte, est tributaire de l'acteur : l'appropriation déclenche des images dans la mémoire du metteur en scène qui sont ensuite transposées :

> Il faut avoir un dessein dans les deux orthographes : dessein et dessin. Un dessein large et ferme de spectacle. De son sens. Et de ce dessein ou de ce dessin, il ne s'agit pas simplement de le remplir; il ne s'agit pas de demander aux acteurs de colorier le dessin par leur chair. Au contraire, je le leur livre scène par scène, morceau par morceau, suivant le déroulement du travail, je le leur livre et je m'y livre. Alors ils s'en emparent. Mon travail consiste à savoir à quel moment on sort du dessin ou du dessein, à quel moment on commence à raconter quelque chose d'autre. Et si l'on vient à raconter autre chose, à sortir du dessein, c'est rarement bon. Ou bien il faut changer tout le reste : il faut changer de dessein. (Vitez-Copferman, 1981 : 83)

« J'utilise des hasards proposés par les acteurs, toutes les choses involontaires que font les acteurs et je renvoie aux acteurs leur image, je fais entrer dans leur conscience ce qui est le produit de "leur" hasard et je les fais travailler sur l'image que je leur renvoie. Ce qui m'intéresse, ce n'est pas le "faire" mais le "refaire". Les acteurs travaillent les signes qu'ils produisent. Le metteur en scène est quelqu'un qui leur renvoie perpétuellement leurs propres signes et qui les aide à en prendre conscience » (Vitez, dans Banu-

Sallenave 1991 : 237). Une conscience véritablement sémiologique de la représentation...

42 *Comment un théâtre du processus suscite-t-il la naissance du* performer *? (Grotowski, 1933-1999)*

S'il se démarque de ses prédécesseurs, l'auteur du *Théâtre pauvre* définit comme suit le champ culturel auquel il se rattache : « Stanislavski a posé les questions méthodologiques. Nos solutions, cependant, diffèrent largement des siennes. Quelquefois nous arrivons à des conclusions opposées. J'ai étudié toutes les principales méthodes d'entraînement de l'acteur, d'Europe et d'ailleurs. Les plus importantes pour les buts que je me propose d'atteindre sont : les exercices de rythme de Dullin, les recherches de Delsarte sur les réactions extérieures et intérieures, le travail de Stanislavski sur les actions physiques, l'entraînement biomécanique de Meyerhold, la synthèse de Vaktangov » (Grotowski, 1971 : 14).

Le corps joue dans le théâtre pauvre un rôle essentiel. La méthode des « actions physiques » stimule la conscience du corps qui pense. Inspiré par ses prédécesseurs, Grotowski réexamine les exercices de rythme (Dullin), les recherches de Delsarte sur l'action, celles de Stanislavski sur les actions physiques, l'entraînement biomécanique de Meyerhold.

Grotowski considère l'œuvre comme processus plutôt que comme produit. Son Théâtre-Laboratoire propose diverses recherches : sur le spectateur (*Parathéâtre*), l'anthropologie (*Théâtre des Sources*), la technique de l'acteur (*le drame objectif*), la pédagogie (université d'Irvine, Centre de Pontedera, etc.), Grotowski chemine *ab absurdo* en incitant à éliminer les procédés du dispositif pour retrouver l'impulsion essentielle.

Ce travail s'opère à partir d'un double effort du comédien :

– stimulation de la libération du corps, élimination des blocages par associations, souvenirs, impulsions. « Les souvenirs sont toujours des réactions physiques. C'est notre peau qui n'a pas oublié » (Grotowski, 1971 : 184);

– ensuite et *a posteriori*, structuration des associations par l'intellect.

Rejoignant Artaud et Brook, Grotowski constate la disparition des rituels et des mythes de groupe et envisage le théâtre comme un art générateur de valeurs. Le spectateur est confronté à une démarche cérémoniale, il est invité à se libérer du quotidien.

La différence majeure par rapport à Stanislavski réside dans la conception du personnage. Le comédien stanislavskien, à partir de ses ressources biographiques, crée une projection imaginaire aimantée par la pratique du texte et du sous-texte. L'acteur grotowskien reconstruit le personnage en fonction de sa propre personnalité, du texte et du surtexte (associations, stimulations, fixation des signes, processus psychophysiologiques).

Lorsque Ryszard Cieslak interprète *Le Prince Constant* au Théâtre-Laboratoire, il effectue un travail d'associations personnelles centrées sur la ligne d'actions physiques. Alors que l'acteur fonctionne à partir d'impulsions et d'actions mnésiques, l'attention du spectateur est orientée vers un *faire* : « Rien dans son travail n'est lié au martyre qui, dans le drame de Calderon/Slowacki, est le thème du personnage du *Prince Constant*. Le torrent de vie dans l'acteur était lié à un souvenir très éloigné de toute obscurité, de toute souffrance. Ses longs monologues étaient liés aux plus petites actions et impulsions physiques et vocales de ce moment remémoré. C'était un moment de vie relativement court – disons quelques dizaines de minutes, quand il était adolescent et qu'il a eu sa première expérience amoureuse » (Grotowski, 1971 : 81).

Pour retrouver les impulsions, Grotowski propose, depuis 1979, un entraînement méthodologique : comme Stanislavski et Meyerhold, il utilise le terme de *partition* mais pour désigner la cohérence organique entre les actions. L'organicité part d'un courant d'impulsions primaires qui détermine l'accomplissement de l'action précise. L'énergie, la pensée-action, à l'unisson avec le rythme intérieur ou en déphasage, implique le corps tout entier. La partition se noue aussi pour le comédien dans le contact avec l'action des autres, dans les réactions au jeu des partenaires.

L'action physique est reliée à l'intention et à l'attention. L'acteur (Grotowski parle d'*actuant*) réalise en quelque sorte un montage qui apparaît dans la perception du spectateur sous forme d'une logique que celui-ci construit.

Grotowski construit son « programme » sémiotique en sondant les relations entre le comédien et le spectateur. Dans *Siakuntala*, les spectateurs jouent le rôle du héros collectif; dans *Dziady/ Les Aïeux*, on les considère comme des participants à la cérémonie ; dans *Kordian,* ils sont censés être des patients de l'asile psychiatrique et dans *Faust*, ils incarnent le personnage de confesseur du héros principal. En même temps, le metteur en scène recherche de nouvelles formes de l'expression interprétative. Le travail sur *Siakuntala* est décrit comme suit : « Dans ce spectacle nous cherchions les possibilités de créer des signes dans le théâtre européen. Nous ne le faisions pas sans un peu de malice : nous avons voulu créer un spectacle à l'image orientale, mais pas authentique, plutôt conforme à l'imagination des Européens. [...] Mais en dessous de la surface de ces recherches ironiques et dirigées contre le spectateur, il y avait une intention cachée – la recherche du système des signes adaptés à notre théâtre, à notre civilisation. » Le travail sur ce spectacle conduit, comme il le précise lui-même, à « entreprendre des recherches dans le domaine des réactions humaines organiques pour les structurer après. C'est ça, je crois, qui était à la source de l'aventure la plus féconde de notre Ensemble, c'est-à-dire les recherches dans le domaine de l'expression interprétative » (Grotowski, 1969 : 8).

43 *Les nouvelles formes spectaculaires repensent-elles l'énonciation ?*

Ce survol rapide a permis de mettre au jour une cohérence argumentative dont émergent plusieurs préoccupations qu'on peut résumer comme suit : appréhension de la double énonciation, dialectisation des rapports entre écriture scénique et dramatique, rôle majeur et redéfini de la convention, place de l'observateur dans l'instigation du sens théâtral.

On pourrait citer, dans la lignée des prises en compte de l'image et du jeu, Chéreau, Planchon, Lavaudant, Strehler, Von Wantoch, Rekowski et bien d'autres. Nombre de pratiques contemporaines ont érigé ces interrogations en angoisses créatives :

Ariane Mnouchkine tire parti du contact des cultures et de l'héritage brechtien pour réinventer le lieu et le rapport au spectateur. Eugenio Barba poursuit l'œuvre de Grotowski dans le sens d'un théâtre interculturel, centré sur le corps et sur la contradiction des énergies. Bob Wilson déconstruit le rythme et le temps pour offrir au spectateur des strates énonciatives où il est censé frayer son chemin.

Si l'on se réfère à l'histoire, la mise en scène n'a d'abord été dans le passé qu'un art subordonné. L'émancipation de la mise en scène doit être resituée en rappelant les étapes du métissage méthodologique qui a ouvert le théâtre à la conscience du spectacle vivant. C'est ainsi que sont apparues progressivement de nouvelles formes spectaculaires. Meyerhold nourrit l'énonciation de moments purement visuels et d'une musique au service de la mise en scène. La biomécanique met l'accent sur le corps de l'acteur. Les conceptions d'Antonin Artaud dans *Le Théâtre et son double* récusent les formes du théâtre occidental, malade parce que le corps et l'esprit ont été scindés. Il s'agit de retrouver le corps et de dénoncer le terrorisme du texte. Celui-ci doit être éliminé. Le décor ne doit plus représenter le réel mais être partenaire, acteur. De même la musique, le costume. Le théâtre doit devenir un langage physique, plastique et concret.

Parallèlement, dans les années 1960, les arts plastiques revalorisent le corps, Kantor l'atteste et certains artistes comme Yves Klein dans ses *Anthropomorphies* font de leur propre corps le matériau de leur art. Les créateurs de théâtre inspirés par les arts plastiques radicalisent cette expérience à la fin des années 1960. Bob Wilson, aux États-Unis, crée des spectacles au langage figé, stéréotypé, sans personnages, tels que *L'Opéra*. Il compose des tableaux vivants, des images qui consacrent la maîtrise de la lumière comme un art à part entière.

Chez Wilson, Cixous, Koltès, Barba et autres postmodernes, la parole scénique se mue en action. Le corps devient la balise d'une dramaturgie plongée dans la crise du réel, de l'espace et du langage. Le corps n'est plus pensé comme un produit articulé et conceptualisé dans divers discours. Il devient le lieu d'articulation des codes qui nourrissent la croyance.

Associé à la fonction conative et à l'impact pragmatique, le dispositif morphosémantique de la performance relève de l'exhibition du contrat. Instable quant à ses codes et ses matériaux, la performance constitue un véritable défi à l'intelligence sémiotique. « De par sa nature même », écrit Goldberg, « la performance défie toute définition précise ou commode, au-delà de celle élémentaire qu'il s'agit d'un art vivant mis en œuvre par des artistes. Toute autre précision nierait immédiatement la possibilité de la performance même dans la mesure où celle-ci fait librement appel pour son matériau à nombre de disciplines et de techniques – littérature, poésie, théâtre, musique, danse, architecture et peinture, de même que vidéo, cinéma, projection de diapositives et narration –, les déployant dans toutes les combinaisons imaginables. En fait, nulle autre forme d'expression artistique n'a jamais bénéficié d'un manifeste aussi illimité, puisque chaque artiste de performance en donne sa propre définition, par le processus et le mode d'exécution même qu'il choisit » (Goldberg, 2001 : 9).

D'autres expériences contractuelles seraient à citer : théâtre-thérapie, Ligue nationale d'improvisation et pratiques hybrides liées au sport, qui érigent la convention en matériau spectaculaire, en lieu d'énonciation.

Tableau récapitulatif du chapitre III

1. La création dramaturgique au cours de son histoire développe une sensibilité à la construction de l'énonciation.		
2. En fonction de l'époque et des priorités, l'appréhension se fait globale ou technique (portant sur les dispositifs).		
seuil	réflexion sur le présupposé je suis au théâtre	
contrat/convention	observation *in praesentia*	les publics (Copeau, Vilar)
	consignes d'observation	Artaud (cruauté), Vitez (la mise en scène est une œuvre), Grotowski (l'action)
	relation partition/sous-partition	Stanislavski, Meyerhold, Grotowski
croyance	double énonciation du jeu, de l'espace	le milieu (Antoine), la convention consciente (Meyerhold)
	dénégation/identification	distanciation (Brecht), la mort incarnée (Kantor), sensibilité de l'interprète (Copeau)
	surmodalisation du *comme si*	le *si magique* (Stanislavski), l'invention du spectaculaire (Brook)
savoir	codes généraux et spécifiques, énoncé semi-symbolique	la surmarionnette (Craig), la scénographie (Appia, Kantor, Strehler)

IV
LE CHAMP CULTUREL

Avignon 2005 : Hortense Archambaut et Vincent Baudriller, les nouveaux directeurs, annoncent un programme de créations et de découvertes qui place le vivant au centre du festival. L'inclassable Jan Fabre foule avec violence la cour d'honneur du Palais des Papes, Castelluci monte *Endogomidia*, alliage hybride d'images et de fantasmes, Delcuvellerie croise musique, profération biblique et corps dénudés dans *Anathème*, Jean-François Sivadier présente *La Vie de Galilée* de Brecht et Thomas Ostermeier propose *Anéantis* de Sarah Kane.

Une déferlante s'abat sur le Pont : la presse à sensation envahit les colonnes des quotidiens. *Libération* crie au génie. *Le Nouvel Observateur* et *Le Figaro* hurlent au scandale. Le théâtre vilarien, le répertoire mythique, si rassembleurs, seraient-ils en danger ? Régis Debray désemparé, enfin guéri de l'indifférence, s'inquiète dans un nouveau livre. Le temps de la polémique, voire de l'état de choc critique sont (enfin) revenus. Sur Avignon, on y tance. Le spectacle vivant est au cœur du débat de société.

44 *La légitimation du théâtre comme spectacle vivant est-elle possible ?*

Le théâtre ressortit à un champ culturel qui est celui de la culture classique : il suppose des instances de production esthétiques (depuis le XVIIIe siècle les « artistes », qui se sont substitués aux artisans), une légitimité symbolique (le capital investi/visé n'est pas en priorité économique), et une valorisation de l'ordre de la singularité (l'œuvre est unique et non répétable). L'expérience de réception suppose des habitudes de fréquentation du répertoire, une expérience, un savoir qui font du spectateur un connaisseur (plus l'encyclopédie du spectateur s'enrichit, mieux il appréhende la complexité des pratiques signifiantes).

À force de fréquenter les salles, le spectateur finit par acquérir des réflexes affinés et de plus en plus conscients des enjeux.

De ce point de vue, la plupart des formes du spectacle vivant sont régies par les mêmes normes : le théâtre, l'opéra, la danse sont perçus sur le mode d'un plaisir singulier, tributaire du savoir (y compris la connaissance du monde) ; le cirque ancre le numéro dans l'espace performatif ; la transgression des lois du quotidien par l'acteur rend la prouesse singulière et l'émotion résulte du risque unique.

Événement éphémère, le spectacle l'est aussi dans la conjonction chronologique qu'il impose à la production et à la réception : pratiques de l'instant, de la présence qui impliquent que toutes les parties prenantes inventent ensemble et au même moment le faire-semblant. La colonne de lumière censée incarner la statue du commandeur dans le *Don Juan* de Vitez prend sens au même moment dans sa dimension métaphorique pour la scène et la salle.

La médiation écranique ou l'intermédialité éventuelle ne se justifient que dans l'événement scénique. Les panneaux de Laterna Magika ne deviennent signes que dans l'interaction immédiate de l'image scénique induite par le spectateur. Ce critère permet de distinguer les arts vivants des formes esthétiques produites par l'industrie. Ces dernières, fabriquées avant d'être offertes au spectateur, indépendantes des conditions de réception, reproductibles à grande échelle et partout, en vue de récolter un capital économique, appellent un mode de consommation collective défini par le public de masse. La corrélation soude les conditions de production, l'appareil technologique, les publics et la création. Le fantôme de la salle vide n'effraie pas les gens de théâtre et les cinéphiles pour les mêmes raisons...

Certes, pareille typologie présente des limites : le théâtre de Boulevard vise au XIXe siècle un mode de consommation, le divertissement, proche de celui de la culture industrielle aujourd'hui. Le

Cirque du Soleil poursuit de nos jours des objectifs de réplication (spectacles stéréotypés, proscrivant l'individu, et diffusés/consommés selon les normes du *show business*) éloignés des arts vivants. En revanche, la nouvelle vague cinématographique française des années soixante, produit de la culture industrielle, entendait s'adresser au public sur le mode de la culture classique. Godard espérait imposer à travers ses films une figure d'auteur, tantôt scénariste tantôt metteur en scène. Porte-parole de la modernité d'une génération (*À bout de souffle*), héros culturel (*Alphaville*), maître à penser de la révolte esthétique (*Masculin-Féminin*), il assume clairement une auctorialité qui défie les contraintes de production et le système cinématographiques. Les *Cahiers du cinéma* trouvaient dans l'efficacité narrative du cinéma américain un répondant moderne au découpage classique de Godard et revendiquaient donc une nouvelle compétence légitime et avertie.

Il faut donc observer que la dichotomie figée entre cultures valides s'estompe depuis quelques années. Bigard prétend incarner *Le Bourgeois gentilhomme* même si la socialité du comédien ne peut en l'occurrence être effacée de la mémoire du spectateur. Planchon monte *Occupe-toi d'Amélie* en 1995 à la Comédie-Française, et propose de ce vaudeville une lecture « problématisante », calquée sur celle des grandes œuvres du patrimoine. L'œuvre est devenue une collection de systèmes signifiants ouverts et disponibles à toutes les stratégies coopératives et socio-axiologiques. Planchon utilise un plateau tournant (« la tournette ») qui associe neuf décors à un rythme qui provoque un effet de perspective inédit. Le spectaculaire est l'objet même de la pièce, qui exhibe le récit et les techniques employées. L'enjeu politique est également présent.

En dépit de son caractère générique, la typologie culturelle a le mérite d'attirer notre attention sur le caractère polymorphe de l'œuvre produite et reçue.

L'œuvre produite appartient à un champ culturel provisoirement déterminé par l'institution, à un système d'énonciation, à un genre spectaculaire ; elle a une fonction et un rapport au monde qui peuvent être identifiés et évalués *hic et nunc*. Elle s'affirme dans une configuration de positions considérées comme valides par les pairs. « Mon travail à moi, confirmait Vitez, n'est qu'un moment sur une ligne droite. Derrière moi, il y a Brecht, les rapports à l'acteur… derrière moi, il y a aussi Meyerhold et évidemment Stanislavski, sans qui on ne pourrait rien comprendre ni à Meyerhold, ni à Brecht » (Vitez, 1981 : 130).

L'œuvre reçue peut être située, à tort ou à raison, dans un processus de légitimation qui différera selon que le spectateur est averti, grand public, ou sans compétence.

Parfois même, fidèle à l'héritage d'Artaud, l'œuvre théâtrale voudra conquérir sa légitimité sans intermédiaire et agir immédiatement sur ceux qui participent à la représentation : c'est l'ambition d'Eugenio Barba et de sa *transformance,* processus « performatif » qui englobe les communautés et qui vise à influer sur elle par le dialogue, la parade, le jeu. L'institution du public, partenaire par le spectacle, constitue, en l'espèce, un objectif cardinal de la démarche.

La fonction de ce spectateur particulier qu'est le critique oscille entre le relais plus ou moins bienveillant, articulant la production et la réception, et le partenariat, adossé aux savoirs du temps ; dans ce dernier cas, le dialogue peut éventuellement confiner au conflit par rapport aux intentions exprimées par l'énonciateur créateur.

Médiateur ou interlocuteur, le critique peut adopter un statut savant ou populaire et répondre au projet spectaculaire de manière différenciée. Ce dialogue est d'une importance cruciale aujourd'hui, à un moment où des expériences spectaculaires nouvelles et non reconnues entrent dans un processus d'institutionnalisation ou de conquête de publics jusqu'alors exclus du champ culturel légitime et que l'on dénomme aujourd'hui les non-publics.

Le manifeste de Villeurbanne, rédigé par Francis Jeanson, pose pour la première fois en 1968 de manière formalisée la notion de « non-public ». « Il y a d'un côté le public, notre public et peu importe qu'il soit selon les cas actuel ou potentiel (c'est-à-dire susceptible d'être actualisé au prix de quelques efforts supplémentaires sur le prix des places ou sur le volume du budget publicitaire) ; et il y a de l'autre un non-public : une immensité humaine composée de tous ceux qui n'ont aucun accès ni aucune chance d'accéder prochainement au phénomène culturel » (Jeanson, 1973).

Jeanson propose une autre conception de la culture, plus large que la culture reconnue qui se donne à voir ou à entendre dans les institutions. Jean-Pierre Esquenazi (Esquenazi, 2003) revient à la réception, à la notion de public (« ensemble d'experts » *versus* « collectif indifférencié ») autant qu'à celle de non-public. Sa démarche s'appuie plutôt sur un constat historique pertinent par rapport à notre propos. Selon lui, c'est « le goût d'amateurs pour des objets d'abord illégitimes dans le champ de l'art [qui] a fini par conduire à une reconnaissance artistique tardive de ces objets ». Ces amateurs – qui jusque-là faisaient partie du non-public – accèdent du coup au statut de public(s). Il ne s'agit plus de convertir les non-publics à la culture légitime; il s'agit de légitimer certains pans de l'activité et des objets culturels que se sont déjà appropriés les « non-publics » (performances, théâtre de rue, cirque, etc.).

Le rôle du critique mérite que l'on s'y attarde car il détermine de façon exemplaire le processus de prise de position indispensable à la formation des savoirs. Il participe à la mise en place de la convention : la dialectique entre le contrat et la croyance est renforcée par les postures légitimes du commentaire, adoptées à une époque donnée et consacrant certaines problématiques considérées comme capitales dans l'histoire de la mise en scène. Ces attitudes peuvent se trouver en harmonie ou en décalage avec le public et l'œuvre : le cas Avignon 2005 fournit l'exemple avéré d'une réaction de la presse hostile à de nouvelles expériences (ou à la direction du festival) cependant acceptées par la majorité de spectateurs présents.

45 *Comment évaluer? La critique théâtrale à l'épreuve du spectacle vivant*

Dans son article intitulé *Le Discours de la critique dramatique*, Patrice Pavis (Pavis, 2000 : 114) fait observer à quel point la critique théâtrale est difficile à cerner.

Il distingue une critique « des choses nommées » (réactions psychologiques, politiques, normatives, interprétatives face à des composants de la pratique : jeu, décor, etc.) d'une critique « par signes-nommants » (la terminologie utilisée serait un révélateur au sens photographique de l'espace épistémologique : dramaturgique, esthétique, générique, structural, réceptionniste, textuel).

Si Pavis observe avec justesse le décalage entre l'appareil critique, souvent obnubilé par la réduction au connu et conçu pour une dramaturgie d'un autre âge, et son objet, il ne sépare pas le métalangage de la critique de celui de l'analyse.

Or, la conclusion que l'on peut tirer de cette réflexion souligne l'écart critériologique qui sépare le discours de la *critique,* souvent publié dans la presse ou dans des lieux fragmentés (les revues de théâtre qui connaissent aujourd'hui des temps difficiles) et celui de l'*analyse* théorique, plus globalisante, nourrie par les progrès scientifiques de ces dernières années. Césure cependant loin d'être franche car le temps a tendance à transformer en réflexion fondamentale des textes qui au départ apparaissaient comme des mouvements d'humeur ou des réactions évaluatives provoquées par la vision d'une représentation. Ainsi, les écrits de Bernard Dort, rassemblés dans une anthologie, *L'Écrivain périodique* (Dort 1999), se situent aux confins de la critique et de l'analyse scientifique. Directeur du théâtre et des spectacles au ministère de la Culture (1988-1989), figure de proue de la critique dramatique contemporaine, Dort fit ses débuts, en 1950, aux *Temps modernes* et aux *Cahiers du Sud.* Animateur, avec Roland Barthes et Guy Dumur, de la revue *Théâtre populaire* (1953-1964), il joue un rôle dans la reconnaissance en France de Bertolt Brecht, de Jean Genet ou d'Arthur Adamov. Par ses écrits (rassemblés en divers ouvrages : *Théâtre/Public*, 1967, *Théâtre réel*, 1971, *Théâtre en jeu*, 1979, *La Représentation émancipée*, 1988, *Le Spectateur en dialogue*, 1995), il invite à circuler de la théorie au commentaire critique. Dans une communication à la Biennale de Venise, Bernard Dort revendique pour la critique de théâtre la conscience du « fait esthétique et (la) critique des conditions sociales et politiques de l'activité théâtrale, c'est-à-dire une critique sémiologique de la représentation théâtrale et une critique sociologique de l'activité théâtrale » (Dort, 1971 : 47)

Sans doute le malentendu procède-t-il de l'ambiguïté du vocable *critique.* Celle-ci peut-elle être levée par une description fonctionnelle de la visée ?

La démarche critique se singularise par rapport à l'analyse en ce qu'elle poursuit des objectifs que l'on pourrait caractériser comme suit :

– *l'information* : la critique annonce le spectacle. C'est la vocation initiale de *L'Avant-scène* qui, depuis 1949, associe la présentation d'une pièce de la saison à des dossiers et enquêtes d'actualité ; contentons-nous de signaler aujourd'hui que la transformation du paysage médiatique et des circuits de diffusion ont multiplié et brouillé les critères qui déterminent la sélection des œuvres. La valeur événementielle de la représentation justifie désormais qu'on en parle. Le fait de présenter une pièce suffit à justifier un statut d'auctorialité, lequel a perdu toute connotation de valeur. Il faut souligner aussi l'importance du canal : le type de média qui héberge la critique contribuera à connoter la puissance de l'information ;

– *la communication* : de ce point de vue, la critique exerce un rôle militant, auxiliaire du faire-savoir, susceptible de valider l'existence ou le projet idéologique, esthétique. Au moment de l'âge d'or des grandes revues (*Theater Heute*, *Organon*, *Jeu*, *Travail Théâtral*, *L'autre scène*, *Théâtre Public*, *Alternatives théâtrales*, *Cassandre*, etc.), les acteurs de la scène (Vitez, le Berliner Ensemble), les responsables politiques (Dort), les théoriciens (Barthes) font partie des comités et tirent de leur activité critique un moyen d'action, voire une propédeutique de réalisation qui pèse sur les politiques culturelles, sur le devenir du théâtre et sur son patrimoine créatif. De ce point de vue, la situation est comparable au cinéma (et en particulier au rôle des *Cahiers du cinéma* et de *Positif*) ; les significations-clés pointées dans les spectacles dépendent de l'engagement de celui qui les lit ;

– *l'expression* : la démarche peut être créative ; dans ce cas, la critique est un genre, une écriture, une réflexion esthétique issue de la mise en perspective du compte rendu qui cherche tantôt, comme le disait Starobinski, à s'identifier à l'œuvre, tantôt à ériger un point de vue d'amateur éclairé en art, revendiquant en quelque sorte le droit au déni de la consommation culturelle ; on se souvient de la polémique des années soixante, qui portait sur la crise de légitimité (de la nouvelle) critique et le droit revendiqué par Roland Barthes de construire une « œuvre sur une œuvre » ;

– *l'évaluation* : elle comporte des jugements de valeur et peut influencer des choix de publics : « Quel autre objet pourrait échoir à la critique ? […] Si l'œuvre d'art ne se laisse pas cerner, il ne reste plus pour l'interroger qu'à chausser les verres grossissants d'un point de vue unique et à espérer que ce rétrécissement du regard permettra de trouver la réponse » (Hoveyda, 1960). Sur la ques-

tion de l'influence du spectateur, la question mérite débat ; le seul fait d'informer sans juger peut déjà vider ou remplir une salle ;
– *la prise de position* : la critique peut choisir d'être empathique, explicative, de sensation (commenter l'événement), d'identification en adoptant le point de vue connaisseur (en écho de l'auteur éventuel) ou le point de vue d'un public moins averti.

46 *Peut-on distinguer plusieurs formes de critique ?*

Ces fonctions supposent des questionnements dont l'objet varie. Citons :

– *les contraintes de production* qui pèsent sur l'acteur social. Celles-ci concernent les déterminants économiques, sociologiques et socio-historiques, durée du spectacle, moyens scénographiques, matériaux disponibles, relation à la profession, soutien institutionnel ou privé, tournées. Le nombre de représentations possibles par rapport au seuil de rentabilité d'un théâtre peut influencer la production d'un spectacle. Ces questions sont à la source de certaines initiatives éditoriales. *Théâtre Populaire* (1953-1964), sous la direction de Robert Voisin revendique dès mai-juin 1953 par son éditorial une transformation des visées de la production : « Nous serons d'abord sensibles à tout ce qui s'écartera du jeu mondain, à tout ce qui n'aura pas pour objectif unique de séduire une fraction du Public, à tout ce qui rendra la Poésie au théâtre. Nous sommes persuadés que le Théâtre va redevenir un art populaire, mais quant au chemin qu'il prendra, il ne nous appartient pas de le lui indiquer ». À partir du numéro 11, cette revue devient d'ailleurs l'organe officiel du brechtisme. Un éditorial de Roland Barthes et un article de Dort (*Barthes ou l'antiRacine*) déclenchent une polémique emblématique, notamment avec Jacques Lemarchand, de la NRF.

Dans un premier temps, Barthes, Dort et Duvignaud feront de la démarche critique un partenaire accompagnant le passage du divertissement bourgeois à un espace d'expérimentation, à un outil citoyen inspiré des idéaux du TNP. Le militantisme politique, renforcé par le succès fédérateur du Berliner Ensemble et de Brecht, finira cependant par faire place à la polémique, à la division, voire à des mises en cause inspirées par les thèses d'Artaud.

Une revue comme *Travail théâtral* (1970-1979) définit également sa fonction, quoique selon d'autres critères, par rapport à ce type de contexte. Elle rassemblera des analyses et des témoignages centrés sur les conditions politiques de production, sur la revendication d'un « jeune théâtre », capable de conquérir des non-publics. L'éditorial inaugural (n° 1, automne 1970) précise, sous la plume de Bablet, Copfermann, Dort et Kourilsky : « On l'a souvent constaté, le spectacle théâtral n'est plus une fin en soi. Il est pris dans toute une série d'échanges entre deux groupes : ses créateurs et ses spectateurs. Sans doute apparaît-il comme le point culminant de ces échanges, mais il ne les épuise pas tous. Les créateurs ont été amenés à remettre en cause les structures économico-sociales dans lesquelles ils étaient habitués à travailler, voire à rêver que le public prenne une part de plus en plus active dans la création. Au théâtre comme en littérature, la critique ne doit plus seulement opérer en dehors de l'œuvre : elle a son mot à dire, selon des modes que nous essayerons d'éclairer et de préciser, dans la fabrication et dans la réception de cette œuvre... » ;

– *les ressources de l'objet culturel* : résultant de l'attitude du créateur par rapport aux contraintes externes. Peut-on transformer l'absence de lieu fixe pour une troupe en une réflexion sur le détour du sens et l'investissement d'espaces non théâtraux, telle est, par exemple, une manière de poser la question de la transformation en ressources. De même, se trouveront explicitées les prises de position à l'égard de codes théâtraux (genre, champ culturel connu, public habituel), normes résultant de l'exploitation et de la transformation des contraintes. Lors de la création des *Bouffes du Nord*, Peter Brook érige une contrainte de lieu (un théâtre dans un quartier périphérique sans grande vocation culturelle) en ressource : il envoie à la presse un plan particulièrement brouillon, de manière à souligner que le parcours du spectateur doit représenter un choix aussi conscient et aussi difficile que celui des répertoires. C'est dans cette perspective que se situe l'ambition de *Théâtre/Public*, publié par le Théâtre de Genneviliers, dont l'éditorial (septembre-octobre 1974) annonce les intentions suivantes : « Il est réconfortant de songer que dans le passé de grands artisans du théâtre ont déjà remis en question leur mode d'expression et, ce faisant, ont fait progresser le champ de ses possibilités à mesure que s'agrandissait celui des connaissances humaines et que se compliquait la nature des relations entre les hommes. Nous aimerions que *Théâtre/Public* [...] soit bien plutôt capable de rendre compte des efforts déployés pour élaborer l'outil nouveau qui permettra de devenir ce lieu ou cet événement; où tous sauront qu'ils peuvent s'interroger et débattre... » ;

– *le projet* : les intentions auctoriales méritent d'être expliquées, il s'agit de communiquer. L'organisation d'un univers singulier, d'un style original, d'une vision du monde se voit éclairée à l'aide de multiples sources d'information. Ce volet de l'activité est crucial, il met l'accent sur le rôle de passeur : toute l'histoire de la dramaturgie atteste le retour de réflexes d'incompréhension, d'habitudes ancrées dans les projets reconnus du passé et dont le poids a occulté l'interprétation d'expériences nouvelles. Brecht fut longtemps incompris parce que perçu à l'aune du Théâtre d'Art de Moscou, Grotowski souffrit longtemps d'être reçu par référence à la distanciation. À retourner aux déclarations d'intention, le critique ouvre un droit à la perplexité et donc à l'innovation.

Le respect de l'intention est l'ambition de bien des revues, parmi lesquelles celle que fonda Antoine Vitez, quand il était directeur de Chaillot : *L'Art du théâtre* (1985-1989). Dans l'éditorial (n° 1, 1985), ce dernier insiste sur la nécessité de défendre des projets et de les rendre intelligibles, le sien étant en l'occurrence porté par la mise en scène. « ... On ne se laissera pas enfermer dans le rapport ineffable de l'acteur au texte et au public. On ne permettra pas que le théâtre soit dépouillé d'une conquête historique, fondatrice de ce qu'on nomme le théâtre d'art. Le chemin est étroit entre le gros bon sens conservateur et la démagogie populiste. Ce que nous cherchons, c'est la conscience du temps et notre position sur la durée » ;

– *l'évaluation* : la phase interprétative, externe à l'œuvre, voire d'humeur, impressionniste ou négative, intervient ici. La formule décisive de Michel Ciment est dans toutes les mémoires : « L'artiste n'existe que sous le regard du critique. Il n'existe pas d'artiste sans commentaire. La mort du commentaire signifie la disparition de l'artiste » (Ciment, 1999 : 31). C'est à ce stade que la critique fait exister l'œuvre, parfois en dehors des systèmes de production; certaines personnalités s'étant particulièrement illustrées dans l'exercice, tel Jean-Jacques Gautier, critique du *Figaro* à la fois reconnu et redouté. On a salué l'impact de ses chroniques sur le public, le rôle de ses jugements de valeur dans la détermination des choix, dans le succès d'une pièce, d'un auteur, d'un acteur, dans l'effet de mode ou l'engouement pour tel ou tel spectacle. On peut se demander aussi dans quelle mesure le discours critique forge le goût et participe à l'élaboration d'une histoire du théâtre au sein d'une histoire littéraire en mutation.

47 *Le statut de la critique a-t-il évolué ?*

Reste à insister sur le statut du critique : partenaire « passeur » ou interlocuteur, il occupe dans le champ culturel une position qui régit la dialectisation du contrat énonciatif en croyance.

Il peut relayer l'*habitus* ou le *goût* du public, exercer la médiation d'une parole qui est celle du spectateur. Son rôle dans la légitimation des productions considérées comme symboliques n'en sera que plus déterminant.

Depuis *Le Masque et la Plume*, certaines émissions de radio et de télévision ont relayé le rôle d'information et d'évaluation de la presse écrite. À l'heure actuelle, elles se sont raréfiées ou ont été absorbées dans des émissions à vocation plus largement culturelle.

Le regard sur le spectacle trouve son acception contemporaine en France au début du XIXe siècle sous la plume de Geoffroy dans le *Journal des débats* (1800), à un moment où le public de théâtre se trouve, pour des raisons politiques et esthétiques, en perte de repères. Geoffroy va jouer un véritable rôle fédérateur de nouvelles communautés d'usage (Carlson, 1990 : 22). Auparavant le critique se faisait l'écho d'un public familier aux codes qu'on lui proposait. L'innovation consiste désormais à faire vivre ou non la pièce, en conseillant d'assister ou non à la représentation. Les commentaires définissent les horizons d'attente; ils fournissent des indications sur les modes de lecture, indications relayant souvent les intentions créatrices nouvelles mais exprimant éventuellement une dissonance. Dans ce cas, le décalage érige le critique en interlocuteur plutôt qu'en partenaire structurant la réception.

Cet impact est renforcé par l'institution théâtrale même, qui n'hésite pas à recycler dans l'appareil paratextuel les commentaires critiques légitimes. Les citations de critiques marquantes figurant dans le programme, à l'entrée du spectacle ou sur Internet contribuent sans nul doute au rôle « formateur » que la critique exerce sur l'opinion.

La question posée en filigrane à travers le survol qui vient d'être opéré concerne l'influence du paradigme du spectacle vivant. Il suffit de parcourir les publications spécialisées et la grande presse écrite ou audio-visuelle pour se rendre compte que l'ensemble des arts vivants est aujourd'hui pris en compte dans sa dimension événementielle.

La performance représentée a incontestablement pris le pas sur les autres critères de définition du corpus. Dans la presse quotidienne et spécialisée, le format se fait de plus en plus normatif et associe une présentation du projet à des données biographiques sur les créateurs/instances scéniques.

Outre le passage au second plan de la dimension évaluative, il est frappant d'observer l'influence de la critique de sensation : toute œuvre fait événement, tout créateur est digne d'intérêt, quel que soit son passé. La dimension explicative est appuyée également : la redéfinition des conventions interartistiques et la réflexion sur le spectaculaire rendent de plus en plus nécessaire une lecture propédeutique, d'ailleurs assumée parfois par les théâtres eux-mêmes, qui gèrent ce type de discours dans leurs publications ou programmes pédagogiques.

La mort de l'auteur, phénomène caractéristique de l'ensemble des pratiques esthétiques ainsi que le rappellent Barthes et Foucault, n'est pas sans répercussion sur le discours critique : « Donner un auteur à un texte, c'est imposer un cran d'arrêt, c'est le pouvoir d'un signifié dernier, c'est fermer l'écriture » (Barthes, 1968). Au théâtre, pareille mise en question s'accompagne d'une prise de conscience de la multipolarité de la performance et de la nécessité de faire droit au metteur en scène et aux comédiens, « grands monstrateurs » du spectacle. En d'autres termes, la critique adopte une perspective matérialiste privilégiant la performance en actes. Accompagnant l'émergence du visible et la contestation du lisible, le critique, premier spectateur, est sensibilisé à la question des attentes du public, au statut de ce dernier et au travail créatif qui lui est proposé.

48 *Enseigner le théâtre comme pratique énonciative ? Quel est le contexte ?*

La question de l'enseignement du théâtre revêt toute son acuité à partir du moment où le langage théâtral n'est plus perçu comme non problématique. La formation des publics et l'éducation à la citoyenneté apparaissent comme corollaires de cette préoccupation : « L'école est le plus beau théâtre du monde », affirme Vitez (Vitez 1993 : 28).

L'importance du rapport théâtre/citoyenneté incite aussi à réhabiliter le service public de la culture. Celui-ci a une double mission : le soutien à la création et la conquête de nouveaux publics, à la fois sur le plan quantitatif et sur le plan de leur diversification sociale. La culture peut-elle faire fermenter le lien social ? Les fonctions de médiation et d'adaptation facilitent certes les mutations ou les processus d'insertion. Elles favorisent la découverte ou la redécouverte d'identités menacées, fragilisées ou négligées. Les arts du spectacle vivant posent la question de la légitimité, voire de la transmission des outils de production et de réception.

Comme le proposait Barthes à propos de la littérature, la formule qui intitule ce chapitre devrait être entendue à l'impératif, même si personne n'imagine que le théâtre puisse vraiment se réduire à des données objectives. L'enseignement du théâtre a longtemps été partagé entre plusieurs lieux :

– le Conservatoire. L'espace pédagogique y est généralement clivé entre arts de la parole et théâtre. S'affrontent le plus souvent les tenants de la diction et du texte et ceux du jeu et de l'interprétation. Louis Jouvet (1887-1951) titulaire d'une classe au Conservatoire de Paris, assimile le travail du comédien à l'exercice de la déclamation : « C'est d'abord un exercice de diction, qui est équivalent au pétrissage du pain » (Jouvet, 1987 : 262). Le rythme est tout aussi essentiel : « Un texte est d'abord une respiration. L'art du comédien est de vouloir s'égaler au poète par un simulacre respiratoire qui, par instant, s'identifie au souffle créateur » (Jouvet, 1945 : 26-27) ;

– les écoles de théâtre, centrées sur les métiers de la scène (régie, scénographie, mise en scène, jeu), et qui dans certains pays sont distincts de l'université ou des Conservatoires ; l'INSAS à Bruxelles par exemple, ou l'École nationale supérieure d'art dramatique de Strasbourg ;

– les écoles d'acteurs : Jacques Lecoq (mime), École nationale supérieure des arts et techniques du Théâtre, anciennement située rue Blanche à Paris et actuellement décentralisée à Lyon ;

– les écoles annexées à un théâtre et spécialement aux TNP dont l'objectif est la médiation culturelle : Chaillot, les Amandiers, l'université du Théâtre des Nations. Dès 1920, Jacques Copeau inaugure cette démarche en créant son école du *Vieux Colombier*. Le mérite de ce genre d'initiative réside précisément dans la rupture imposée aux enseignements classiques : Copeau introduit la formation corporelle et l'improvisation. *L'Atelier* de Charles Dullin, école avant de devenir théâtre homonyme, repose également sur le travail du corps et l'improvisation : « Au lieu de travailler sur des mots, nous travaillons sur des sentiments. Cette méthode est presque entièrement basée sur l'improvisation. L'improvisation apprend d'abord à l'élève à se connaître » (Dullin, 1969 : 31).

Il faut rappeler que ce rôle pédagogique a été parfois assumé par les répétitions, c'est le choix que fait Brecht. Celui-ci ne fonda jamais d'école mais plaidait en faveur d'une formation de l'acteur au cours des répétitions, parfois longuement prolongées.

Plus récemment, l'évolution s'est faite en direction de centres de recherche – c'est le sens du travail de Peter Brook –, de laboratoires, c'est le terme auquel ont recours Grotowski ou Barba dans son institut l'ISTA, et qui fut en son temps revendiqué par les Living Theater et Open Theater ;

– les maisons de la culture, qui jouent également un rôle de diffusion et de vulgarisation ;

– les universités, qui tentent souvent une synthèse entre approches théoriques et pratiques. Aux États-Unis, la vogue des ateliers de *creative writing* permet d'héberger au sein de l'enseignement supérieur des séminaires qui en Europe sont souvent spécifiques de l'enseignement artistique.

À signaler, l'initiative originale du master européen conjoint en étude du spectacle vivant, réseau d'une douzaine d'universités coordonné par l'université de Bruxelles, associé à l'enseignement artistique et à des séminaires d'été, qui offre une palette de spécialisations professionnelles et des approches théoriques originales liées au spectacle vivant.

Armand Gatti n'a-t-il pas dit à l'un des groupes de jeunes vers lesquels il mène ses opérations de création et d'action culturelle : « Venez vous prendre pour Dieu, et dire je suis » ? La découverte de l'identité comme condition de la mise en place du talent ?

49 *Qu'enseigner ? Ateliers et théories ?*

La compétence dramaturgique, qui peut faire l'objet d'un enseignement, portera sur le savoir mobilisé, sur la croyance du spectateur et des instances scéniques.

Ce savoir dépend de plusieurs enjeux :
– il concerne d'abord la connaissance du monde, les options que prend la représentation sur les évidences du sens. « Un théâtre qui n'objectivise pas son savoir est un théâtre qui se condamne à charrier le non-su du stéréotype », affirme Piemme. Toute mise en scène prend parti, s'inscrit dans un univers de référence ;
– il couvre les conditions d'exercice du discours, de l'écriture, de la mise en scène comme production émanant d'une source à l'intention d'une cible, dans une situation et en fonction de modalités théâtrales ;
– il saisit la circulation d'un acte d'énonciation, une appropriation de l'énoncé par l'acte de mise en scène, qui déplace le texte éventuel, le déchire.

La pédagogie se fonde massivement, à diverses nuances près, sur le deuxième registre et en particulier sur le partage établi, notamment par Koltès, entre écriture et mise à la scène.

Dans la plupart des institutions, l'enseignement de la création passe par celui de l'écriture.

Il y a là une espèce de paradoxe qui suppose que l'on puisse initier à la représentation du spectacle vivant à partir du dialogue verbal. Il ne faut pas perdre de vue que le texte théâtral, contrairement au scénario de film, n'a pas le statut de *blue print* du script qui s'efface devant l'image : il est destiné à être lu et joué, à construire une fiction, à élaborer le modèle d'une pratique imaginaire. La mise en scène travaille à la fois sur le texte et la performance ; elle appelle une activité du spectateur destinée à déchiffrer un espace organisé en tableaux.

Lavelli distingue trois opérations de la mise en scène (d'opéra) qui peuvent structurer l'opération de mise en forme théâtrale :
– relecture : segmentation dramaturgique, montage, collage,
– distanciation : par transposition ou mise en vue de la théâtralité,
– focalisation : choix d'un point de vue d'observation, effet optique, physique (Lavelli-Satgé, 1979 : 54).

Compte tenu des spécificités de l'énonciation théâtrale, l'enseignement trouvera sa pertinence à considérer le texte comme vecteur du contrat spectaculaire. À ce titre, le dialogue apparaît comme doté d'une fonction
– qui définit le statut de l'observateur ;
– qui incarne un certain nombre de contraintes scéniques (spatiales, rythmiques) réglant le rapport entre l'univers spectaculaire et ce qui lui échappe ;
– qui assume sa spécificité : la priorité du montré sur le narré.

Loin d'échafauder un projet qui fixerait les bonnes formes d'un enseignement du théâtre, forcément empreint d'une idéologie et d'options personnelles, notre propos attire l'attention sur la nécessité de ne pas dissocier la pédagogie d'une réflexion sur l'énonciation. Pareil détour préalable permettrait sans doute de distinguer la création théâtrale et celle du scénario ou du texte littéraire. On mesurera de la sorte à sa juste valeur la résistance qu'implique l'écriture.

Le texte offre des points d'appui :
– au metteur en scène : qui sera le premier à accomplir la scène imaginaire, à inventer les images soumises au regard des autres ;
– au comédien : il ouvre des pistes qui pourront être intériorisées, conduire à l'émotion et être traduites en actions ;
– au spectateur : il propose des indices de sens, des (éventuellement fausses) pistes et l'invite à choisir les moyens de sa lisibilité.

Le texte refuse des points d'appui :
– au metteur en scène, il pose le défi de refuser le coup de force de la vraisemblance ; art de la dénégation, le théâtre crée des distances qui troublent la construction du personnage et des mondes possibles. Dans *Kiki l'indien* (1989), monté au Festival des Turbu-

lences de Strasbourg, Joël Jouanneau rend la tâche du metteur en scène, Michel Raskine, littéralement impossible en imaginant une scène où plusieurs centaines de cavaliers envahissent le plateau. De même, le combat de *Cyrano* ne peut être porté à la scène sans un acte de mise à distance qui suppose des choix de mise en scène;
– au comédien, il ménage des territoires de liberté, évite l'enfermement, propose des rythmes, des spatialités assimilables dans le jeu. Patrice Chéreau souligne bien comment Koltès assure cette guidance à travers la ponctuation : « Il fait partie des auteurs qui connaissent la différence entre un point et un point virgule, qui savent que ce n'est pas la même chose. Si l'acteur ne respecte pas ces ponctuations, il transforme tout le texte parce qu'elles indiquent des respirations » (Chéreau, 1990 : 1);
– quant au spectateur, le texte l'empêche de se satisfaire de la transparence du sujet : il sous-informe sur le plan narratif pour présenter des repères permettant de construire la relation entre les personnages, le système spatio-temporel et la mécanique d'écriture.

Le sujet, la fable naissent de l'écriture : ils ne lui sont pas antérieurs et ne représentent pas une urgence dans le processus d'écriture. La pièce de Sébastien Thiéry *Dieu habite Dusseldorf* jouée en 2006 au Théâtre des Mathurins à Paris, appelle, comme l'indique bien le titre, un regard de spectateur qui accepte le principe du démenti, de la rupture.

On peut insister sur le fait que l'écriture constitue une métaphore du jeu, destinée à la fois à offrir un point d'appui au comédien et à empêcher le spectateur d'entrer dans une logique de la vraisemblance. Le sens s'affirme en quelque sorte postérieur à l'écriture, soumise au regard de l'autre. Contrairement au cinéma, où la langue se veut fonctionnelle et où l'image caractérise, le théâtre diffère l'identité du personnage, elle montre ce dernier comme une distance à construire.

Les ateliers de mise en scène poursuivent des objectifs qui s'inscrivent eux aussi dans la mise en place du pacte spectaculaire. Comme l'écriture, la mise en scène procède au détour : « Le détour est au cœur du théâtre. Le spectacle détourne nécessairement le texte puisqu'il est différent de lui : l'espace, le temps du spectacle sont différents de celui de l'écriture ou de celui de la lecture » (Dezoteux, 1988 : 70).

Le metteur en scène incarne d'abord l'actant observateur délégué. Antoine Vitez y insiste :

> Je me tiens au milieu des élèves, et soudain je vois dans la relation hasardeuse des corps entre eux sur la scène, un sens que je n'avais pas imaginé, qu'ils n'avaient pas imaginé eux-mêmes et je leur renvoie ce sens, je l'explique à haute voix, il me semble ainsi que je leur restitue ce qui s'était échappé d'eux à leur insu. Je leur montre. Je vais sur la scène, je refais leurs gestes, ceux qu'ils ont effectivement faits, ne le sachant pas. Et moi, ne leur imposant de moi-même rien, mais saisissant l'envie que j'ai cru deviner d'un geste et prolongeant cette envie d'un geste augmenté; c'est sans doute ce qui donne cette exagération qu'on a tenue pour crime. (Vitez, 1991 : 133)

L'apprentissage est triple. Dans les douze propositions qu'il rédige lorsqu'il dirige le Théâtre de Chaillot, Vitez souligne avec force trois axes centraux que nous ferons nôtres :
– celui du collectif d'énonciation : l'école est le lieu du « cercle de l'attention » ; le groupe s'invente comme processus autour de l'acteur ;
– celui de la prise de conscience : « un artiste conscient du jeu des leurres qu'il propose » (Vitez, 1993 : 79) ;
– celui de la mise à distance, qui désigne la confrontation au répertoire et l'invention de la fiction spectaculaire. Vitez : « Apprendre à construire un caractère fictif redevient la grande affaire » (Vitez, dans Banu-Sallenave, 1991 : 117).

Enseigner la mise en scène, Vitez le souligne, relève de la gageure. Paradoxe désespéré ou défi fascinant, l'entreprise mérite d'être tentée.

50 *Les questionnaires du spectateur, pour quoi faire ?*

Science et pédagogie se sont souvent rencontrées sur le terrain des études théâtrales. En l'occurrence, la problématique des questionnaires comme mode d'enquête a souvent hanté les débats. Nous avons tenté, avec Anne Ubersfeld et Patrice Pavis (Helbo,

1987) de proposer à diverses reprises des suggestions de parcours formalisés pouvant guider une promenade de spectateur. Ces grilles publiées dans *Théâtre. Modes d'approche* sont discutées par Pavis dans *L'analyse des spectacles* (Pavis 1996bis). Pavis y distingue trois types de questionnaires : celui d'Anne Ubersfeld (qu'il nous attribue erronément) centré sur les éléments concrets et visuels du spectacle, le nôtre (attribué erronément à Anne Ubersfeld) centré sur la communication et le projet, et celui de Patrice Pavis, consacré à la manière dont la scénographie et la mise en scène se construisent.

L'intérêt de ces « feuilles de route » est de faire prendre conscience des codes théâtraux, des systèmes de signes et du travail du spectateur. Il y a là une tentative d'approche qualitative, utile dans la mesure où elle aide à expliciter les paramètres nécessaires à l'expérience du théâtre.

Il nous paraît utile de tenter aujourd'hui de clore l'itinéraire proposé dans le présent volume en reformulant le questionnement du spectateur. C'est bien la particularité du théâtre que d'exhiber des processus et de laisser à ceux qui constituent le public le soin de définir leur partenariat avec la scène.

La vocation des carnets de bord est d'abord pédagogique. Leur limite réside dans cette ambition : assister à un spectacle le stylo à la main et le nez sur le calepin renvoie à la caricature du spectateur savant dénoncé par Grotowski. Entre deux maux, il faut cependant choisir le moindre. L'absence de critériologie analytique fait courir à l'amateur de théâtre un risque plus élevé : celui de ne pas goûter à toutes les nuances du plaisir qu'on lui propose.

Le deuxième apport des questionnaires renvoie à l'analyse quantitative. Trop longtemps, une certaine sociologie du théâtre a fonctionné exclusivement par essais et erreurs en acceptant aveuglément lors d'enquêtes d'audience, de fréquentation, de répertoires, de tenir pour résolues des difficultés essentielles du débat, telle la distinction entre spectateur et public. La contribution d'Esquenazi déjà citée sur les non-publics témoigne de l'évolution des points de vue. La lecture quantitative ou statistique se trouve désormais intégrée dans des contextes épistémologiques nouveaux qui distinguent essentiellement le public d'audience (inscrit dans le profil de réception) et le public de fréquentation (physiquement présent).

Les questionnaires ne concernent pas seulement les publics. Il faut citer l'entreprise de Mervant-Roux (Mervant-Roux, 1998) qui tente de définir la réception en sondant les gens de scène. Cette étude interroge la scène afin de mieux comprendre la salle. Pour la première fois, l'image du public est répercutée par les praticiens. L'auteur observe des dispositifs scéniques organisés de façon frontale (l'assistance est assise). Les études de terrain ont été effectuées entre 1986 et 1994 dans une vingtaine de salles, en particulier pendant les représentations de trois spectacles. *Elvire-Jouvet 40* (mise en scène de Brigitte Jaques, scénographie de Peduzzi, Théâtre de l'Athénée-Louis Jouvet, 1986) retrace sept leçons de Louis Jouvet à une jeune comédienne qui travaille la dernière scène d'Elvire du *Don Juan* de Molière et aborde entre autres thématiques le rapport avec le public ; *Hamlet* (mise en scène de Patrice Chéreau, décor de Peduzzi, Théâtre de Nanterre-Amandiers, 1987) assure une mise en scène du regard à travers une série de figures (observateurs, espions, vrais spectateurs...). L'analyse des différentes positions spatiales du spectateur réel permet d'esquisser la géographie du théâtre et de la rapporter à l'espace réceptif (par exemple, au rez-de-chaussée de l'Athénée où se jouait *Elvire-Jouvet 40*, l'enquête constate que le premier rang était fasciné par Claudia, le neuvième captivé par Jouvet, et le fond du parterre plutôt inattentif).

Nos objectifs ici et maintenant sont ponctuels. Il ne s'agit pas de permettre d'entreprendre une description complète et systématique des spectacles, description par ailleurs prise en charge par les questionnaires existants (Helbo, 1987). La grille qui suit propose d'autres approches, sensibilisant aux méthodologies centrées sur l'énonciation du spectacle vivant. Elle rassemble les critères dont le contenu détaillé est développé dans les catégories de lecture sous-tendant les *cinquante questions*, auxquelles il est possible de se référer. Puisse la feuille de route, en conclusion de ce livre, aider le spectateur à repérer les dispositifs par lesquels une pièce se construit comme système énonciatif au sein du spectacle vivant.

1. Le seuil. La convention et la mise en place du pacte spectaculaire

– Quelles sont les consignes qui définissent le caractère spectaculaire de l'énoncé ?
– À quelle forme de spectacle vivant rattacher l'énoncé ?

– Quelle est l'institution qui prend le spectacle en charge ?
– Comment la communication institutionnelle définit-elle le spectacle ? Par quels moyens paratextuels ?

2. L'entrée, la sortie
– Quels parcours et quel lieu déterminent l'entrée, la sortie ?
– Transitions éventuelles : rites de passage, construction de l'identité acteur/spectateur ?
– Construction du faire semblant par la scène et la salle : par quels moyens s'affirme le présupposé « je suis au théâtre » ?

3. Les consignes d'énonciation
– Quelles sont les consignes dominantes que l'on peut anticiper (ceci est une œuvre, une fiction, une performance) ? Par quels moyens sont-elles exprimées ?
– La fonction d'observation est-elle explicitée, déléguée, syncrétique ? Appelle-t-elle une participation du spectateur ? Laquelle ?

4. L'image scénique
– Quelles sont les stratégies pour guider les prises de vue, l'attention ?
– Comment s'opère le montage (articulation, lectures linéaire et tabulaire) ?
– L'image scénique fait-elle référence à elle-même ou est-elle gommée ?

5. Fiction, performance, mise en scène
– Comment la fiction s'inscrit-elle en creux dans la représentation ?
– Rapport fiction/performance ?
– Statut de la mise en scène : sujétion à l'œuvre, autonomie apparente des systèmes signifiants, du texte, de la scénographie ?
– Relation lisible/visible ?

6. Le jeu, l'espace et l'énonciation
– Jeu sémantique ou déictique : tradition (stanislavskienne, meyerholdienne, artaudienne, vilarienne, grotowskienne...), rôle du corps et de l'émotion, rhétorique ou passion, relation émotion/action ?

– Appel au regard, à l'écoute, à l'accompagnement kinesthésique, à l'odorat ?
– Construction, syntaxe, rythme ?
– Type d'espace : construction, rapport à l'extra-scénique ?
– L'espace permet-il de guider la *perception spectaculaire*, d'anticiper la construction d'un public ?

7. Croyance et savoir
– Comment les régimes d'adhésion sont-ils mis en place : identification, dénégation, distanciation, éloignement ?
– Construction d'un intertexte, d'une interculture ?
– Quelle est la compétence spectatorielle privilégiée ?
– Quels sont les codes généraux (savoir sur le monde) et spécifiques (énoncés semi-symboliques, références spectaculaires) auxquels le spectacle fait appel ?

8. La place au sein du spectacle vivant
– Les dispositifs des codes spécifiques permettent-ils d'identifier une (ou des) forme(s) de spectacle vivant ?
– Comment caractériser les pratiques montrées/reçues au sein du spectacle vivant ? À quels héritages se rattachent-elles implicitement ou explicitement ?

BIBLIOGRAPHIE

ANCEL, Pascal, PESSIN, Alain (dir.), *Les non-publics : les arts en réceptions,* Paris, L'Harmattan, 2004.

ANTOINE, André, *Causerie sur la mise en scène*, *Revue de Paris*, 1er avril 1903.

APPIA, Adolphe, *Œuvres complètes*, 4 volumes, Lausanne, 1983-1992.

ARISTOTE, *Politique*, traduction J. Hardy, Paris, Les Belles Lettres, 1969, VIII, 1342*a*.

—, *Poétique*, traduction J. Hardy, Paris, Les Belles Lettres, 1969, 1459b.

ARISTOTE, *Poétique*, Grenoble, éd. Jérôme Million, 1995.

ARTAUD, Antonin, *Le théâtre et son double*, dans *Œuvres*, vol. V, Paris, Gallimard, 2004.

A.S. « La primauté du jeu sur le texte : Artaud a donné le ton, » *Le Monde*, 46, déc. 1977 : 3.

ATTALI, Jacques, *Brève histoire de l'avenir*, Paris, Fayard, 2006.

AUBIGNAC, François Hedelin d', *La Pratique du théâtre*, éd. Pierre Martino, Paris, Champion, 1927.

BALEA, Ilie, « Le paradigme du spectacle », *Degrés,* 29, Bruxelles, 1982.

BANU, Georges, TACKELS, Bruno, *Le cas Avignon 2005. Regards critiques*, Paris, L'Entretemps, 2005.

BANU, Georges, SALLENAVE, Danièle, *Antoine Vitez, Le théâtre des idées,* anthologie, Paris, Gallimard, 1991.

BARBA, Eugenio, « Anthropologie théâtrale », *Degrés,* 29, Bruxelles, 1982.

BARTHES, Roland, « Pouvoirs de la tragédie antique », *Théâtre Populaire*, 2, juillet-août, 1953.

—, *Essais critiques*, Paris, Seuil, 1964.

—, *La mort de l'auteur*, Manteia, 1968.

—, *Littérature et signification*, *Essais critiques*, Paris, Seuil, Points, 1972.

—, *Mère Courage aveugle. Essais critiques*. Paris, Seuil, 1972.

—, *Écrits sur le théâtre*, III, Paris, Seuil, 1973.

BAUDRILLARD, Jean, *Oublier Artaud*, Paris, Sens & Tonka, 2005.

BENJAMIN, Walter, *L'œuvre d'art à l'ère de la reproductibilité technique*, Paris, Denoël, 1971-1981.

BETTETINI, Gianfranco et DE MARINIS, Marco, *Appunti per una semiotica del teatro, Teatro e comunicazione*, Florence-Rimini, Guaraldi, 1977.

BOUDREAULT, Julie, *Le Cirque du Soleil. La création d'un spectacle. Saltimboco*, Québec, Nuit blanche, 1996.

BOUISSAC, Paul, *Circus and Culture. A Semiotic Approach*, Bloomington, Mouton, 1976.

—, « Les avatars du clown, Transformations sémiotiques et parallélismes des systèmes », *Semiotica*, V, 3, 1971 : 291.

—, « Le cirque, opération et opérateurs sémiotiques », dans *Théâtre des commencements*, *Études françaises*, Les Presses de l'université de Montréal, vol. 15, 1-2, 1979 : 59).

BOZONNET, Marcel, *Conférence de presse*, Comédie-Française, Paris, 4 mai 2006.

BRECHT, Bertolt, *Petit organon pour le théâtre*, Paris, L'Arche, Travaux 4, 1978.

—, *Écrits sur le théâtre*, I et II, Paris, L'Arche, 1978.

BROOK, Peter, Interview, *Nouvelles de l'inde*, 1986, n° 248 : 19.

—, *L'espace vide*, Paris, Seuil, 1977.

—, *Points de suspension*, Paris, Seuil, 1992.

BURCH, Noël, *La lucarne de l'infini*, Paris, Nathan, 1991.

BUYSSENS, Éric, *Les langages et le discours*, Bruxelles, Office de publicité, 1943.

CARLSON, Marvin, *Histoire des codes*, dans Helbo, André *et alii*, *Théâtre. Modes d'approche*, Paris-Bruxelles, Méridiens-Klincksieck-Labor, 1987.

CARLSON, Marvin, *Theater Semiotics*, Indiana University Press, 1990.

—, *Theories of the Theater*, Cornell University Press; Expanded edition August 1993.

CASETTI, Francesco, *D'un regard l'autre*, Presses de l'Université de Lyon, 1990.

CASTELLUCI, Roméo, *Dossier de presse du 59e Festival d'Avignon.* Roméo Castelluci/Societas Raffaello Sanzio, 2005.

CHÉREAU, Patrice, Interview, *Télérama*, n° 2006, 22 juin 1988, p. 15.

—, « Il faut apprendre à cheminer avec l'auteur », *Alternatives théâtrales*, 35-36, 1990-1.

CIMENT, Michel, *Feux croisés sur la critique*, Paris, Éd. du Cerf, 1999.

COPEAU, Jacques, *Registres*, Paris, Gallimard, 1974.

CORNEILLE, Pierre, *Le Cid,* Théâtre complet, Paris, Gallimard, 1961.

CORVIN, Michel, *Dictionnaire encyclopédique du théâtre*, Paris, Bordas, 1995.

CRAIG, E. Gordon, *De l'art du théâtre*, Paris, Lieutier, 1942 : 125.

DARWIN, Charles, *The Expression of the Emotion in Man and Animals* (1872), New York, Appleton and co, 1899.

Degrés, Sémiologie du spectacle, n° 29-32, Bruxelles, 1982.

Degrés, Verbal, non verbal, n° 74, Bruxelles, 1993.

Degrés, Émotions et complexité, n° 75-76, Bruxelles, 1993.

Degrés, La théâtrologie. Questions et méthodes, n° 107-108, Bruxelles, 2001.

Degrés, Approches sémiotiques du théâtre coréen, n° 123-124, Bruxelles, 2005.

Degrés, *Sémiologie du spectacle vivant*, n° 128 et 129, Bruxelles, 2007.

DELEUZE, Gilles, « Un opérateur d'intensités », dans Leornadini, Jean-Pierre, Collin, Marie et Markovits, Joséphine, *Festival d'Automne à Paris 1972-1982*, Paris, Messidor-Temps Actuels, 1982.

DE MARINIS, Marco, *The Semiotics of Performance*, Indiana Uni versity Press Bloomington, 1993.

DEMARCY, Richard, *Éléments d'une sociologie du spectacle,* Paris, Union Générale d'éditions, 1973.

DERRIDA, Jacques, *La Pharmacie de Platon*, Paris, Seuil, 1978.

DE TORO, Fernando, *Semiotica del teatro*, Buenos Aires, Galerna, 1986.

DEZOTEUX, Michel, « Le détour est au cœur du théâtre », *Alternatives Théâtrales*, 31/32, Bruxelles, 1988 : 70.

DIDEROT, Denis, *Le Paradoxe sur le comédien,* Paris, Garnier, 1959, 303-305.

DORT, Bernard, *Les deux critiques,* dans *Théâtre réel*, Paris, Seuil, 1971.

—, « L'âge d'or de la mise en scène des classiques en France entre 1945 et 1960 », *Revue d'histoire littéraire de la France*, 1977.

—, *La Représentation émancipée*, Arles, Actes Sud, 1988.

—, *L'écrivain périodique*, Paris, Pol, 1999.

DRAGONE, Franco, cité par BOUDREAULT Julie, *Le Cirque du soleil. La création d'un spectacle. Saltimboco,* Québec, Nuit blanche, 1996.

DULLIN, Charles, *Ce sont les dieux qu'il nous faut...*, Paris, Gallimard, 1969.

DUVIGNAUD, Jean, *Esquisse d'une sociologie du comédien*, Paris, Gallimard, 1965.

—, *Le Don du rien*, Paris, Stock, 1977.

ECO, Umberto, « Paramètres de la sémiologie théâtrale », dans Helbo, André, *Sémiologie de la représentation,* Bruxelles, Complexe, 1975.

—, *La Structure absente*, Paris, Mercure de France, 1972.

—, *La Guerre du faux,* Paris, Grasset, 1985.

ENGEL, Johann Jakob, *Idées sur le geste et l'action théâtrale*, Genève, Slatkine, 1979.

ELAM, Keir, *The Semiotics of Theatre and Drama*, Londres, Methuen, 1980.

ESQUENAZI, Jean-Pierre, *Sociologie des publics*, Paris, La Découverte, 2003.

FEBVRE, Michèle, *Danse contemporaine et théâtralité*, Paris, Chiron, 1995 : 21.

FÉRAL, Josette, « La théâtralité », *Poétique,* 75, Paris, Seuil, 1988

FEREYDOUN, Hoveyda, « Les taches du soleil », *Cahiers du cinéma*, 110, août 1960.

FISCHER-LICHTE Erika, *The Semiotics of Theater*, Indiana University Press Bloomington, 1992.

FO, Dario, *Le Gai savoir de l'acteur*, Paris, L'Arche, 1990.

FONTANILLE, Jacques, *Modes du sensible et formes sémiotiques*, Séminaire intersémiotique de Paris, 1997-1998.

—, *Soma et Sema : Figures du corps*, Paris, Maisonneuve et Larousse, 2004.

FRESNAULT-DERUELLE, Pierre, *L'Éloquence des images*, Paris, PUF, 1993.

GAUDREAULT, André, *Du littéraire au filmique. Système du récit*, Paris, Méridiens-Klincksieck, 1988.

GIACCHÈ, Piergiorgio et BENE, Carmelo, *Antropologia di une machina attoriale*, Feltrinelli, 1984.

GINOT, Isabelle, *La Danse au XX*e *siècle*, Paris, Larousse Collection : Hors collection Musique/spectacles.

GOFFMAN, Erving, *Frame Analysis*, New York, Harper, 1974.

GOLDBERG, Roselee, *La Performance du futurisme à nos jours*, Paris, Éd. Thames et Hudson, 2001.

GREIMAS, Algirdas Julien, *Essais de sémiotique poétique*, Paris, Larousse, 1972.

GROTOWSKI, Jerzy, *Vers un théâtre pauvre*, Lausanne, L'Âge d'Homme, 1971.

GURVITCH, Georges, « Sociologie du théâtre », *Lettres nouvelles*, 1956, n° 35.

HANDKE, Peter, *Outrage au public*, Paris, L'Arche, 1968.

HELBO, André, *Sémiologie de la représentation*, Bruxelles, Complexe, 1975.

—, *Les mots et les gestes*, Presses de l'Université de Lille, 1983.

—, *Approches de l'opéra*, Paris, Didier Érudition, 1986.

—, *et alii*, *Théâtre Modes d'approche*, Paris-Bruxelles, Méridiens-Klincksieck, 1986.

—, *Theory of Performing Arts*, Benjamins, 1987.

—, *L'adaptation. Du théâtre au cinéma*, Paris, A. Colin, 1997.

—, *Signes du spectacle*, Berne-Berlin-Bruxelles, Peter Lang, 2006.

HOTIER, Hughes, *Signes du cirque*, Bruxelles, Tréteaux, 1984.

—, « Tous artistes, ou la construction d'une représentation sociale pour un cirque "nouveau" », *Degrés* 128, Bruxelles, 2007.

IONESCO, Eugène, *Les Chaises*, Paris, Gallimard, 1954.

IVANOV, N., *Per una semiografia teatrale*, dans G. Bartolucci et G. Ursini Ursic, éd., *Teatro-Provocazione,* Venise-Marseille, 1977, 89-102.

JAKOBSON, *Essais de linguistique générale*, Paris, Minuit, 1963.

JEANSON, Francis, *L'Action culturelle dans la cité*, Paris, Seuil, 1973.

JOST, François, *Introduction à l'analyse de la télévision*, Paris, Ellipses, 1999.

—, « Faire voir le visible », *Degrés,* 112, Bruxelles, 2002.

JOUVET, Louis, *Théâtre et Langage,* Paris, La Table ronde (3e cahier), 1945.

—, *Molière et la comédie classique*, 1987, Paris, Gallimard.

KANTOR, Tadeusz, *Ma création, mon voyage*, Paris, Éd. Plume, 1991.

KOKKOS, Yannis, *Le scénographe et le héron*, dir. G. Banu, Arles, Actes Sud, 1989.

KOLTÈS, Bernard, *Dans la solitude des champs de coton*, Paris, Gallimard, 1986.

—, *Un hangar à l'Ouest. Notes après Roberto Zacco*, Paris, Minuit, 1990.

KOWZAN, Tadeusz, *Littérature et spectacle*, La Haye, Mouton, 1975.

—, *Sémiologie du théâtre*, Paris, Nathan, 1992.

KUYPERS, Patricia, « La danse post-moderne », *Les Cahiers DAJEP, art mode d'emploi* : *Danse contemporaine*, 30, sept. 1997 : 45.

LABORIT, Henri, « Le geste et la parole », *Degrés* 29, Bruxelles, 1982.

LASSALLE, Jacques, « L'image dans le langage théâtral », *Théâtre/Public*, 32, 1980 : 13.

LAVELLI, Jorge, SATGÉ, Alain, *Opéra et mise à mort*, Paris, Fayard, 1979.

LEHMANN, Hans-Thies, *Le Théâtre postdramatique*, Paris, L'Arche, 2002.

LEROUX, Mathieu, « L'état des lieux », *Théâtre en Europe*, 18, sept. 1988 : 7.

LESSING, Ephraïm, *La Dramaturgie de Hambourg*, trad. de E. de Suckau et L. Crouslé, Didier, 1869.

LEORNADINI, Jean-Pierre, COLLIN, Marie et MARKOVITS, Joséphine, *Festival d'Automne à Paris 1972-1982,* Paris, Messidor-Temps Actuels, 1982, p. 113.

MAFFESOLI, Michel, *Le Temps des tribus*, Paris, La Table Ronde, 2000.

MANNONI, Octave, *L'Illusion comique ou le théâtre du point de vue de l'imaginaire, Clefs pour l'imaginaire ou l'autre scène*, Paris, Seuil, 1969.

MERVANT-ROUX, Marie-Madeleine, *L'Assise du théâtre. Pour une étude du spectateur*, Paris, CNRS éditions, 1998.

METZ, Christian, *Le Signifiant imaginaire*, Paris, Union Générale des éditions, 1977.

MEYERHOLD, Visevolod, « La reconstruction du théâtre », dans *Écrits du théâtre* III, Lausanne, L'Âge d'Homme, 1980 : 46-47.

—, *Le Théâtre théâtral*, Paris, Gallimard, 1963.

—, *Écrits sur le théâtre*, tome 1, 1927-1917, Lausanne, L'Âge d'Homme, 1973.

MOINDROT, Isabelle, *La représentation d'opéra. Poétique et dramaturgie,* Paris, PUF, 1993.

MNOUCHKINE, Ariane, « De l'apprentissage à l'apprentissage ». Entretien avec Georges Banu, *Alternatives théâtrales,* n° 70-71, 2001.

PAVIS, Patrice, *Voix et images de la scène*, Presses de l'Université de Lille, 1985 (2e édition, 2000).

—, *Dictionnaire du théâtre*, Paris, Dunod, 1996.

—, *L'analyse des spectacles*, Paris, Armand Colin, 1996bis.

— (éd.), *The Intercultural Performance Reader*, Londres, Routledge, 1996ter.

PIDOUX, Jean-Yves, « L'envers du système », *Théâtre/Public*, juillet-octobre 1989.

PIEMME, Jean-Marie, « Le souffleur inquiet », *Alternatives théâtrales*, 1984, n° 20-21.

PLATON, *La République*, Paris, Gallimard, 1993 : 394b-c.

PEIRCE, Charles Sanders, *Semiotics and Significs*, Bloomington, C.S. Hardwick, 1977.

PISCATOR, Erwin, *Le théâtre politique*, Paris, L'Arche, 1962.

PRADIER, Jean-marie, « Ritologie des émotions », *Degrés*, 75-76, Bruxelles, 1993b-b16.

—, *La scène et la fabrique des corps. Ethnoscénologie du spectacle vivant en Occident, Ve siècle av. J-C.*, Presses Universitaires de Bordeaux (PUB), 1997.

—, *Théâtrologie 1 : Le théâtre réinventé*, Paris, L'Harmattan, 2005.

RACINE, Jean, *Œuvres complètes*, éd. P. Mesnard, Paris, Hachette, 1885.

RÉMOND DE SAINTE-ALBINE, *Le Comédien*, Paris, Saint et Saillant et Vincent fils, 1747.

RICCOBONI, Louis, *Dell'arte rappresentative,* Londres, 1728.

ROUBINE, Jean-Jacques, *Théâtre et Mise en scène, 1880-1980*, Paris, PUF, 1980.

—, *Introduction aux grandes théories du théâtre*, Paris, Dunod, 1990.

ROY, C., « Le répertoire classique : modernité et actualité », *Cahiers Théâtre Louvain*, 56-57.

RYNGAERT, Jean-Pierre, *Lire le théâtre contemporain*, Paris, Dunod, 1993.

SAÏD S., *L'acteur antique*, dans Corvin, Michel *Dictionnaire encyclopédique du théâtre*, Paris, Bordas, 1991.

SARRAZAC, Jean-Pierre, *Théâtre du moi, théâtre du monde*, Rouen, Éd. Médianes, 1999.

SCHECHNER, Richard, *Between Theatre and Anthropology*, University of Pennsylvania Press, 1985.

SÉCARDIN, Olivier, « Performance », *Workshop on Interdisciplinary Approaches to Modern France,* The University of Chicago, 14 janvier 2005.

SEARLE, John, « The logical status of fictional discourse », *New Literatury History*, 6, 1975, 319-322.

SIMMEL, Georg, *La philosophie du comédien*, Belfort, Circé, 2001.

SOURIAU, Étienne, *Le cube et la sphère. Architecture et dramaturgie*, Paris, Flammarion, 1950.

STANISLAVSKI, Constantin, *L'oiseau bleu,* Paris, Le Mercure de France, 15 juin 1907.

—, *Ma vie dans l'art*, Paris, Éditions Albert, 1934.

—, *La formation de l'acteur*, Paris, Perrin, 1958.

—, *La formation de l'acteur (An Actor Prepares)*, Paris, Payot, 1979.

—, *La construction du personnage*, Paris, Pygmalion-Gérard Wathelet, 1984.

Théâtre Populaire, 1953-1964.

Travail Théâtral, Lausanne, La Cité, 1970-1979.

UBERSFELD, Anne, *Lire le théâtre*, Paris, Éditions sociales, 1977.

—, *L'École du spectateur*, Paris, Éditions sociales, 1981.

—, *Le théâtre et la cité. De Corneille à Kantor*, Bruxelles, AISS-IASPA, Tréteaux, 1991.

—, « Antoine Vitez, metteur en scène et poète », *L'avant-scène. Théâtre*, Paris, 2005.

VITEZ, Antoine, Intervention dans *Les voies de la création théâtrale, La formation du comédien*, 9, Paris, CNRS, 1981.
VITEZ, Antoine, COPFERMANN, Émile, *De Chaillot à Chaillot*, Paris, Hachette 1981.
VITEZ, Antoine, *Le théâtre des idées,* anthologie proposée par D. Sallenave et Georges Banu, Paris, Gallimard, 1991.
—, « Des jeunes visitent une œuvre », Études théâtrales, 1993.
WAGNER, Richard, *L'œuvre d'art de l'avenir*, dans *Œuvres en prose III*, trad. de J.G. Prodhomme et F. Holl, Paris, Delagrave, 1907, p. 224-227.
WILSON, Robert, « Une expérience directe des choses, entretien », dans Féral, Josette, *Mise en scène et jeu de l'acteur*, Jeu/Lansman, Montréal/Bruxelles, 1998.

GLOSSAIRE DES NOTIONS DE BASE

codes généraux : ensemble des connaissances générales, authentiques (vérifiables et permettant l'augmentation de la connaissance du monde) constituant une partie du savoir (appelée parfois données épistémiques).

codes spécifiques : ensemble des connaissances ou des systèmes de signification propres à la tradition ou au dispositif spectaculaire vivant et fonctionnant au sein du savoir de manière différente des codes généraux.

compétence spectaculaire : compétence propre au récepteur de spectacle vivant, caractérisée notamment par le fait que toutes les instances présentes inventent ensemble un faire-semblant (surmodalisent le *comme si*) au même instant (de la production et de la réception) et conjointement, dans les limites du contrat.

collectif d'énonciation : processus par lequel instances de la salle et de la scène définissent les marques spectaculaires et s'inventent ensemble dans les limites du contrat.

consignes d'observation : directives, généralement intériorisées par la culture ou la tradition, qui déterminent le processus d'observation (et donc la compétence spectaculaire) et qui permettent l'homologation des énoncés spectaculaires produits par la scène et la salle.

contrat : ensemble de dispositions par lesquelles instances de la scène et de la salle s'accordent sur le type de convention. Dans le cas du spectacle vivant, les clauses du contrat comprennent la conscience du présupposé « je suis au théâtre », la surmodalisation du *comme si* contemporaine du moment de la production et de la réception, le dispositif d'observation, la double énonciation.

convention : frontière mise en place pour différencier l'univers spectaculaire de ce qui lui est extérieur ; les constituants de la convention sont transformés ou explicités par le contrat.

croyance : régime d'adhésion au spectacle prenant appui sur le savoir et permettant de développer un ou des mode(s) énonciatif(s).

dénégation : régime d'adhésion (constituant la croyance) au spectacle sur le mode du « je sais bien que ceci n'est pas réel mais j'y crois comme si ce l'était ».

double énonciation : caractéristique (propre au spectacle vivant) du discours qui énonce et qui montre qu'il énonce.

encyclopédie : intégration personnelle du savoir par le spectateur.

faire-semblant : caractéristique du contrat reposant sur le fait que le présupposé, selon lequel l'univers fonctionne *comme si,* est surmodalisé dans l'instant et simultanément par toutes les instances du collectif d'énonciation.

fiction spectaculaire : type particulier de fiction qui indique que l'énoncé est à recevoir sur le mode spectaculaire.

identification : régime d'adhésion (constituant de la croyance) primaire (émotionnelle) ou secondaire (logique) à la performance et à la fiction.

interprétant : terme utilisé par Peirce et que nous adaptons pour désigner les références du savoir, les clés, permettant d'appréhender l'énoncé spectaculaire.

jeu déictique : jeu mettant l'accent sur la syntaxe gestuelle, corporelle et rythmique située dans l'espace-temps (par opposition au **jeu sémantique,** centré sur le sens des émotions).

montage : activité du récepteur caractérisée dans le cas du spectacle vivant par l'association de prises de vue prélevées (de façon linéaire/tabulaire) dans le continuum scénique et organisée en une composition faite d'images induites.

observation : contrainte de l'énonciation du spectacle vivant consistant dans la présence silencieuse d'un actant (unique, délégué ou syncrétique) qui observe l'énoncé événementiel sans intervenir.

partition : désigne la mise en jeu sur scène des constituants du texte spectaculaire appelés à être actualisés et sémantisés par référence à la sous-partition du spectateur. Stanislavski, Meyerhold, Gtotowski utilisent le vocable dans des acceptions différentes.

perception spectaculaire : type particulier de perception permettant aux membres d'un groupe de prendre conscience des relations au sein de la collectivité et de réagir comme un individu.

performance : part de l'énoncé du spectacle vivant résidant dans le caractère reçu comme événementiel et matériel de la représentation.

proprioception : accompagnement réceptif de la performance corporelle, gestuelle et motrice.

public : actant symbolique d'origine sociologique appréhendant les récepteurs en termes de communautés, d'usages, d'habitus, de formations socio-historiques.

savoir : ensemble des codes sur lesquels prend appui la croyance.

semi-symbolique : système du savoir (**code spécifique**) qui apparie deux termes du plan de l'expression avec un terme du plan de contenu (exemple : dans *Minetti* le comédien joue sur l'avant-scène et ne traverse la scène qu'au moment où le rideau du fond de scène s'ouvre et permet à Minetti de s'engouffrer dans la mort ou la folie. Le système semi-symbolique crée donc une association scénographique spécifique axe de l'avant-scène/parcours horizontal *vs* fond de scène/parcours latéral par rapport à une catégorie de contenu (la mort *vs* la vie).

sémiose : circulation de la signification.

seuil : étapes permettant le franchissement du passage défini par la convention dans les limites du contrat.

spectateur : figure associant des horizons d'attente, des stratégies de coopération, des mécanismes psychanalytiques, sociologiques (*common ground*), émotionnels, cognitifs, sensoriels et qui peut se décliner sous une forme extérieure à la représentation (spectateur **empirique**) ou inscrite dans la représentation (spectateur **modèle**).

stratégies d'attention : signaux qui permettent aux instances de la scène de guider le parcours du spectateur dans la construction de son montage; ces signaux comprennent notamment des **focalisations** ou mises en évidence verbales, gestuelles, spatiales, lumineuses.

texte spectaculaire : ensemble structuré de matériaux constituant le phénomène spectaculaire.

INDEX THÉMATIQUE

Les chiffres correspondent au numéro de la question.

INDEX DES NOMS ET DES ŒUVRES

Les chiffres correspondent au numéro de la question.

5 0 QUESTIONS

Collection dirigée par Belinda Cannone

Vincent Amiel et Pascal Couté, *Formes et obsessions du cinéma américain contemporain* (12)
Pierre Berthomieu, *La Musique de film* (14)
Christian Béthune, *Pour une esthétique du rap* (16)
Monique Carcaud-Macaire et Jeanne-Marie Clerc, *L'Adaptation cinématographique et littéraire* (15)
Jean-Luc Chalumeau, *Histoire critique de l'art contemporain* (1)
Jean-Luc Chalumeau, *La Lecture de l'art* (9)
Jean-Luc Chalumeau, *Histoire de l'art contemporain* (20)
Raphaël Colson et André-François Ruaud, *Science-fiction. Une littérature du réel* (29)
Daniel Deshays, *Pour une écriture du son* (30)
Valérie Deshoulières, *Métamorphoses de l'idiot* (21)
Christian Doumet, *Faut-il comprendre la poésie ?* (19)
Georgie Durosoir, *La Musique vocale profane au XVIIe siècle* (2)
Gérard Gengembre, *Le Roman historique* (27)
Nathalie Heinich, *Être artiste. Les transformations du statut des peintres et des sculpteurs* (5)
Marc Jimenez, *L'Esthétique contemporaine*, 2e éd. revue, 2004 (6)
Jean-Pascal Le Goff, *Robinson Crusoé ou l'Invention d'autrui* (13)
Gérard-Georges Lemaire, *Histoire du Salon de peinture* (11)
Jean-Louis Leutrat et Suzanne Liandrat-Guigues, *Penser le cinéma* (8)
Henriette Levillain, *Qu'est-ce que le baroque ?* (10)
Suzanne Liandrat-Guigues, *Esthétique du mouvement cinématographique* (22)
Isabelle Meuret, *L'anorexie créatrice* (28)
Frédéric Monneyron, *La Mode et ses enjeux* (23)
Marie-Claire Mussat, *Trajectoires de la musique au XXe siècle*, 2e éd. revue, 2002 (3)
Daniel-Henri Pageaux, *Naissances du roman* (4)
Danielle Perrot-Corpet, *Don Quichotte, figure du XXe siècle* (24)
Jonathan Pollock, *Qu'est-ce que l'humour ?* (7)
Frédéric Pomier, *Comment lire la bande dessinée ?* (25)
Pierre Sineux, *Qu'est-ce qu'un dieu grec ?* (32)
Laurent Wolf, *Vie et Mort du tableau. 1. Genèse d'une disparition* (17)
Laurent Wolf, *Vie et Mort du tableau. 2. La Peinture contre le tableau* (18)
Laurent Wolf, *Après le tableau* (26)
Julie Wolkenstein, *Les récits de rêve dans la fiction* (31)

Achevé d'imprimer en France
le 30 janvier 2007
sur les presses de
IDG
52200 Langres - Saints-Geosmes

Dépôt légal : février 2007 - N° d'imprimeur : 6574